U0629834

制造大数据体系结构与模型研究

任鸿儒　鲁仁全　李鸿一　著

科学出版社

北京

内 容 简 介

本书系统介绍了制造大数据体系结构的构建方法与制造大数据建模方法，为多源异构制造大数据的高效集成与检索方法和智能协同治理方法的研究提供支撑，主要内容包括：面向制造企业数据空间的制造大数据体系结构构建方法；面向全系统优化设计的设计资源大数据建模方法；面向全流程制造管控的制造过程大数据建模方法；面向全贯通管理决策的管理流程大数据建模方法；面向全周期增值服务的产品服务大数据建模方法等。

本书可作为高等学校大数据与人工智能及相关专业的研究生教材，也可供研究大数据技术的科技工作者参考。

图书在版编目（CIP）数据

制造大数据体系结构与模型研究 / 任鸿儒，鲁仁全，李鸿一著. — 北京：科学出版社，2025. 3. -- ISBN 978-7-03-081610-8

Ⅰ. F407.4

中国国家版本馆CIP数据核字第2025BQ5246号

责任编辑：朱英彪 / 责任校对：任苗苗
责任印制：肖　兴 / 封面设计：有道文化

科学出版社 出版
北京东黄城根北街 16 号
邮政编码：100717
http://www.sciencep.com

北京中科印刷有限公司印刷
科学出版社发行　各地新华书店经销
*
2025 年 3 月第 一 版　开本：720×1000 1/16
2025 年 3 月第一次印刷　印张：12
字数：239 000

定价：108.00 元
（如有印装质量问题，我社负责调换）

前　言

　　制造业是国民经济的基石,是现代化得以实现的保障,更是综合国力的体现。同时,大数据的价值和潜能逐渐被全社会普遍认知,其与制造业的融合驱动着企业设计、管理、制造、服务模式的全面变革。目前,随着全球化分工的日益深化,现代制造业产生的数据呈指数型增长,产生了多源、异构、复杂的制造数据,这种现状导致了制造业大数据建模难的问题。近年来,各个制造强国纷纷制定各类国家级战略规划,从支持政策牵引、创新体系建设、关键技术攻关、重大工程实施等方面,全力支持智能制造的发展。我国提出了《“十四五”智能制造发展规划》和《新一代人工智能发展规划》等战略规划。国务院办公厅印发的《关于积极推进供应链创新与应用的指导意见》进一步指出,需推进供应链协同制造和智能工厂,打造大数据的智慧供应链体系。

　　当前制造大数据建模方法大多针对单一业务域建模,在建模过程中没有充分考虑其他业务域数据的关联影响,缺少贯通多业务域和产品全生命周期的建模方法,不能站在全流程全系统角度全面有效地刻画设计资源、制造过程、管理流程、产品服务等业务域的核心问题。因此,制造大数据建模方面的研究趋势是跨业务域的全体系、全价值链建模。

　　本书开创性地建立制造企业多维数据空间模型,形成面向制造企业数据空间的制造大数据体系结构;建立面向设计、制造、管理、服务的全体系全价值链大数据模型,突破现有数据模型只是面向单一业务域的问题,打通各业务域之间的联系;通过分析设计资源、制造过程、管理流程、产品服务的主体、数据及数据之间的关系,建立以本业务数据为主,其他业务数据为辅的大数据模型。

　　本书相关研究成果得到了国家重点研发计划项目(2018YFB1700400)的资助,在此表示衷心的感谢。本书主要工作由广东工业大学智能决策与协同控制团队完成。广东工业大学是我国较早开展计算机集成制造系统(computer integrated manufacturing system, CIMS)、网络协同制造研究的单位之一,依托广东制造业雄厚基础,承担了大批国家级 CIMS 领域项目,拥有省部共建精密电子制造技术与装备国家重点实验室、制造业物联网技术国家地方联合工程实验室、智能制造信息物理融合系统集成技术国家地方联合工程研究中心等平台,组建了科技部重点领域“智能决策与协同控制”创新团队。此外,感谢参与本书撰写工作的广东工业大学、北京理工大学和北京机械工业自动化研究所有限公司的研究人员，包括邹伟东、郭栋、陈锦涛、熊洪星、刘庆海、刘人志、张辰、肖毅、赖周浩、陆宽、彭翀、邱勇、王志宏、吴卓儒、龙寅壬、袁群耀、杨岚、程志键等。

由于作者水平有限，书中难免存在疏漏之处，殷切希望广大读者批评指正。

目　　录

第1章 绪 论

1.1 制造大数据的基本概念

1.1.1 制造大数据的定义与分类

制造大数据是指涵盖制造业全生命周期的各类数据，包括企业信息化数据、制造业物联网数据，以及外部跨界数据。其中，企业信息化数据是指通过企业信息系统，如制造执行系统(manufacturing execution system, MES)、企业资源规划(enterprise resource planning, ERP)、产品生命周期管理(product lifecycle management, PLM)、供应链管理(supply chain management, SCM)和客户关系管理(customer relationship management, CRM)等，产生和管理的产品研发、生产制造、供应链和客户服务等核心业务数据；制造业物联网数据是指通过传感器、射频识别(radio frequency identification, RFID)、智能设备等物联网技术采集和监控的设备运行状态、工艺参数、质量检测等实时数据；外部跨界数据是指通过互联网或其他渠道获取的与制造业相关的气候变化、生态环境、政治事件、自然灾害、市场需求等多维度数据。这三类数据构成了制造大数据的主要来源，也是制造大数据规模迅速扩张的原因。

制造大数据可以根据数据的结构性分为结构化数据、半结构化数据和非结构化数据。结构化数据是指按照固定的格式和规则存储在数据库中的数据，如表格、数值和日期等，这些数据可以用二维表格的形式表示实体和关系；非结构化数据是指没有固定格式和规则的数据，如文档、文本、图片、报告、图像、音/视频等，这些数据无法用二维表格的形式表示；半结构化数据是指既有一定的格式和规则，又有一定的自描述性的数据，如可扩展标记语言(extensible markup language, XML)、Java 脚本对象表示法(Javascript object notation, JSON)等，这些数据既不完全属于结构化数据，也不完全属于非结构化数据。

制造大数据是智能制造与工业互联网的基础，其目标是通过实现数据的自动流动和智能分析，解决制造过程中的控制和优化问题，降低决策过程中的不确定性和风险，并克服人工决策的局限性。为了达到这个目标，需要利用大数据技术，如 Hadoop、Spark、Cassandra 等，对海量异构数据进行存储、处理和挖掘；运用机器学习和人工智能技术，如深度学习、神经网络(neural network, NN)、自然语言处理等，对复杂模式和规律进行识别和预测；运用可视化和仪表盘技术，如

Tableau、Power BI 等，对分析结果进行展示和交互。

1.1.2　制造大数据的空间分布

制造大数据具有跨界性和协同性，不仅涉及企业内部的各个环节，还涉及产业链和跨产业链的各个主体。企业内部数据是指通过企业信息系统（如 MES、ERP、PLM 等）生成和管理的生产制造、经营管理等数据；产业链数据是指通过 SCM 系统和 CRM 系统获取和分析的供应商、客户、合作伙伴等数据；跨产业链数据是指通过互联网或其他渠道收集和处理的市场、地理、环境、法律、政府等数据。这些数据构成了制造大数据的全面视角，也是制造大数据研究和应用的重要依据。

1.1.3　制造大数据的采集与传输

制造大数据的生产者主要包括人类和机器。人类数据来源于人工输入或采集的各种信息，如设计方案、业务流程、产品评价、新闻事件和法律法规等，这些数据通常存储在企业信息系统中；机器数据则来源于传感器、仪器仪表和智能设备等自动采集和监测的数据，如设备运行状态、工艺参数和质量检测等，这些数据通常传输到物联网平台中。对于制造企业，机器数据主要分为生产设备数据和制造产品数据。生产设备数据用于智能生产过程的控制和优化，为智能工厂的运行提供实时数据支持；制造产品数据用于智能服务过程的监测和预警，为用户提供设备维护、运行效率提升、安全保障等服务。

在智能制造和工业互联网的推进过程中，实现数据的自动化采集和分析是一个关键目标。随着互联网技术和制造业技术的深度融合，机器数据的传输方式也发生了变化，从传统的有线网络传输转变为无线网络传输，数据的管理范围也扩展到企业外部的设备和产品。这种变化促进了人机协同、企业社会化，以及工业互联网价值的创造。

1.1.4　制造大数据的发展趋势

从 20 世纪 60 年代开始，计算机技术在制造业管理中得到了广泛应用。从层次模型，到网状模型，再到关系模型，形成了以结构化数据为主的 ERP/MES 等企业信息系统。20 世纪 70 年代，计算机图形学和辅助设计技术的发展，使得计算机辅助设计（computer aided design, CAD）、计算机辅助工程（computer aided engineering, CAE）、计算机辅助制造（computer aided manufacturing, CAM）等工具软件可以产生三维模型、工程仿真、加工代码等复杂文件，形成了以非结构化数据为主的产品数据管理（product data management, PDM）等产品管理系统。21 世纪，互联网和物联网为制造业提供了大量的文本、图像、音/视频、时序、空间等多种类型的非结构化数据，导致制造业数据中结构化数据和非结构化数据的比例发生巨大变化。

近年来，智能制造和工业互联网的推动，促进了以"个性化定制、网络化协同、智能化生产和服务化延伸"为特征的新型制造模式的发展。未来，人类产生和处理的数据规模将逐渐减少，机器产生和分析的数据规模将逐渐增加。

1.2 制造大数据的特点

制造大数据具有大数据的 4V 特征，即数据量(volumn)大、数据速度(velocity)快、数据类型(variety)多、数据质量(veracity)低。

数据量大是指数据的规模和增长速度都很大。我国的大型制造企业中，人工产生的数据规模一般在太字节(TB)级别或以下，但是这些数据是高价值密度的核心业务数据。机器产生的数据规模则可以达到拍字节(PB)级别，是"大"数据的主要贡献者，但是这些数据相对价值密度较低。随着智能制造和物联网技术的进步，产品制造阶段的人工干预越来越少，运维阶段的产品运行状态监测越来越全面，未来人工产生的数据规模占比将下降，机器产生的数据规模将呈指数级增长。

数据速度快不仅是指数据的采集速度快，也指数据的处理速度快。越来越多的制造业信息系统之外的机器数据被纳入大数据系统，特别是针对传感器产生的海量时序数据，数据的写入速度可以达到每秒百万或千万个数据点。数据的处理速度体现在设备自动控制的实时性，更体现在企业业务决策的实时性，也就是工业 4.0 所强调的基于"纵向、横向、端到端"信息集成的快速响应。

数据类型多是指数据的复杂性和多样性，主要指各种类型的碎片化、多维度工程数据，包括设计制造阶段的概念设计、详细设计、制造工艺、包装运输等各类业务数据及服务保障阶段的运行状态、维修计划、服务评价等各类服务数据，甚至在同一环节，数据类型也是复杂多变的，例如，在运载火箭研制阶段，将涉及气动力学、声学、结构力学、控制理论等多学科、多专业领域。因此，制造大数据的复杂性不仅是数据格式的差异性，也是数据内部结构所呈现出的多模态特征。

数据质量低是指数据的真实性，相对于分析结果的高可靠性要求，制造大数据的真实性和质量比较低。制造业应用中由于技术路线缺乏可行性，实施成本居高不下，项目在放大、中试阶段易夭折等原因，很多关键参数没有被测量、没有被充分测量或者没有被精确测量(数值精度)，同时某些参数具有固有的不可预测性，如人为错误、天气变化、经济波动等，这些情况往往导致数据质量不高，是数据分析和利用最大的障碍，对数据进行预处理以提高数据质量也常是耗时最多的工作。

制造大数据作为对制造业相关要素的数字化描述和在赛博空间的映射，除了具备大数据的 4V 特征，相对于其他类型大数据，还具有反映制造业逻辑和特点的新特征。这些特征可以归纳为多模态、强关联、高通量等特征。

(1)多模态。制造大数据是制造业系统在赛博空间的映射，必须反映制造业系统的系统化特征，必须反映制造业系统的各方面要素。所以，数据记录必须追求完整，往往需要用超级复杂的结构来反映系统要素，这就导致单体数据文件结构复杂。例如，三维产品模型文件不仅包含几何造型信息，而且包含尺寸、工差、定位、物性等其他信息；同时，飞机、风机、机车等复杂产品的数据又涉及机械、电磁、流体、声学、热学等多学科、多专业。因此，制造大数据的复杂性不仅是数据格式的差异性，也是数据内生结构所呈现出的多模态特征。

(2)强关联。制造业数据之间的关联并不是数据字段的关联，其本质是物理对象之间和过程的语义关联。包括：①产品零部件之间的关联关系，即零部件组成关系，零部件借用、版本及其有效性关系；②生产过程的数据关联关系，如跨工序大量工艺参数关联关系、生产过程与产品质量的关系、运行环境与设备状态的关系等；③产品生命周期的设计、制造、服务等不同环节的数据之间的关联关系，如仿真过程与产品实际工况之间的关系；④在产品生命周期的同一阶段所涉及不同学科不同专业的数据关联关系，例如，民用飞机预研过程中会涉及总体设计方案数据、总体需求数据、气动设计及气动力学分析数据、声学模型数据、声学分析数据、飞机结构设计数据、零部件及组装体强度分析数据、系统及零部件可靠性分析数据等的关系。数据之间的强关联反映的就是制造业的系统性及其复杂性的动态关系。

(3)高通量。嵌入了传感器的智能互联产品已成为工业互联网时代的重要标志，用机器产生的数据来代替人所产生的数据，实现实时的感知。从制造大数据的组成体量上来看，物联网数据已成为制造大数据的主体。以风机装备为例，根据 IEC 61400-25 标准，持续运转风机的故障状态数据采样频率为 50Hz，单台风机每秒产生 225KB 的传感器数据，按 2 万台风机计算，若全量采集则写入速度为 4.3GB/s。具体来说，机器设备所产生的时序数据可以总结为以下几个特点：海量的设备与测点，数据采集频度高(产生速度快)，数据总吞吐量大，7×24h 持续不断，呈现出高通量的特征。

1.3　制造大数据建模方法研究现状

以大数据、云计算和移动互联网为代表的新一代信息技术与先进自动化技术、传感技术、控制技术和数字制造技术深度结合，对生产方式和控制系统产生了深远变革。为了抢占制造业新一轮竞争的制高点，各国都进行了重大调整。

德国工业 4.0 参考架构的核心内容是"一个网络、两大主题、三大集成"。其中，"一个网络"是构建信息网络与物理生产系统融合的信息物理系统；"两大主题"是实现网络化、分布式生产的智能工厂与基于人机互动、智能制造管理的智能生产；"三大集成"是通过价值网络实现的横向集成，贯穿整个价值链的端到端集成，将融合不同层级的信息技术(information technology, IT)系统的纵向集成。它从信息技术、价值流和产业链三个层面构建架构关注智能工厂和智能制造本身。

美国以通用电气(General Electric, GE)公司为首的企业联盟提出工业互联网参考架构。该体系架构是通过数据采集、互联网、大数据、云计算等技术，来打造稳定、可靠、安全、实时、高效的工业互联网，并通过工业互联网将智能化机器与人类互联起来，从而实现工业系统产业链与价值链的整合。其核心内容是结合软件和大数据分析，通过智能机器间的连接最终实现人机连接，从而重构跨行业参考框架，因此它更注重制造企业的服务。

中国智能制造系统架构提出坚持"创新驱动、质量为先、绿色发展、结构优化、人才为本"的基本方针，坚持"市场主导、政府引导，立足当前、着眼长远、整体推进、重点突破，自主发展、开放合作"的基本原则。其核心内容是从产业链、系统层级、智能功能三个层面构建架构，将新一代信息技术和制造技术的发展结合起来，全面提升企业的智能化水平，它更关注的是制造企业产业链的发展。这类体系提供了与智能制造相关技术系统的构建、开发、集成和运行的一个架构，构建了软件应用和服务架构，但这些工作并未解决制造业大数据建模难题。

近年来，国内外研究人员针对制造大数据建模方面的问题进行了积极的探索与研究。北京航空航天大学张霖等[1]对制造领域中的大数据仿真技术研究及应用现状进行了回顾和总结，分别从制造单元仿真、制造集成仿真和制造智能仿真三个方面对制造中的典型大数据仿真技术进行了分析和展望。东北大学刘强等[2]论述了现有数据建模方法应用于工业大数据建模时的局限性，探讨了工业大数据建模有待研究的问题，包括多层面不规则采样数据的潜结构建模，用于事件发现、决策和因果分析的多时空时间序列数据建模，含有不真实数据的鲁棒建模，支持实时建模的大容量数据计算架构与方法。华南理工大学姚锡凡等[3]为了应对制造大数据的挑战，引入大数据分析技术与主动计算，尤其是事件驱动的主动计算，提出了一种大数据驱动的新型制造模式——主动制造；构建了将组织符号学和"观察-定向-决策-行动"循环模型融于一体的大数据驱动通用体系架构，结合社会信息物理系统的制造模式提出了一种大数据驱动的主动制造体系架构；从数据价值利用的深度和广度分析了主动制造与现有制造模式的异同，指出主动制造与智慧制造、智能制造、预测制造和长尾制造模式间的关联关系。东华大学张洁等[4,5]系统分析了大数据驱动的智能制造的科学范式、理论方法与使能技术，阐述了应用方向与工业实践；根据《第四范式：数据密集型科学发现》[6]，提出了"关联-预测-调控"的大数据驱动智能制造科学范式；根据数据处理流程，总结了融合处理、关联分析、性能预测与优化决策四位一体的方法体系；围绕边缘层、平台层和应用层设计了大数据平台，介绍了大数据驱动智能制造的使能技术；从智能设计、计划调度、质量优化、设备运维四个角度，综述了工业大数据驱动的智能制造应用现状。长安大学丁凯等[7]从逻辑关联的视角提出了多维多尺度智能制造空间的内涵与特征，并结合数字孪生技术的实现逻辑，研究了智能制造空间的虚实映射建模方法、复杂多维时空域下智能制造过程及数据建模方法；进一步，结合某叶轮的生产制造案例对所提出的建模方法进行了验证，证明了该建模方法的可行性和有效性，为实现智能制造空间多要素、多业务、多流程的实时同步仿真与虚实联动控制提供了支撑。同济大学 Zhu 等[8]以半导体晶圆制造环境为背景，系统地回顾和评价了复杂制造系统调度建模方法的研究进展，提出了在信息物理系统条件下基于工业大数据的调度建模框架；讨论了如何在半导体制造系统中实现该框架，并介绍了基于该框架的智能半导体制造系统的演示单元。新南威尔士大学悉尼分校 Cui 等[9]对制造大数据的最新进展进行了系统的文献综述，确定了制造大数据应用的六大关键驱动因素，关键驱动力是系统集成、数据、预测、可持续性、资源共享和硬件；基于制造业的需求，捕捉到了大数据生态系统的九个基本组成部分，即数据摄取、存储、计算、分析、可视化、管理、工作流、基础设施和安全；确定了几个由大数据生态系统可用能力驱动的研究领域；从建模和仿真到实时大数据分析和网络安全，提出了制造大数据应用的五个未来方向。东华大学Wang 等[10]对大数据的概念、模型驱动和数据驱动方法等相关主题进行了全面回顾，讨论了大数据分析在智能制造系统中的框架、发展、关键技术和应用，强调了未来研究的挑战和机遇。卡迪阿亚德大学 Belhadi 等[11]开发了一个新的模型，总结了大数据分析在制造过程中的主要能力；相关发现能够帮助公司了解大数据分析能力及其对制造过程的潜在影响，并支持它们寻求设计更有效的与应用大数据分析技术、设计相关的基础设施。此外，还有许多重要的制造大数据分析方面的研究工作可供读者参考[12-35]。

　　虽然上述有关制造大数据建模的研究工作取得了一定的进展，但传统数据建模方法大多基于确定的数据模式，不能有效地应对制造业多源异构制造大数据的不确定性，没有建立覆盖设计、管理、制造、服务等多业务域的模型，不能全面有效地描述制造过程。此外，现有的大数据技术没有针对全系统资源进行设计优化，没有考虑全贯通管理过程制定管理策略，不能对全流程的制造过程进行严格管控，缺乏提供产品全周期服务的能力。综上所述，目前还缺乏针对制造大数据的合理有效模型，制造大数据无法得到有效的利用。针对这一问题，亟须形成制造大数据全体系全价值链模型，通过搭建制造大数据体系结构，建立设计资源、制造过程、管理流程、产品服务等大数据模型，为多源异构制造大数据的高效集成与检索方法和智能协同治理方法的研究提供支撑。

1.4 本书主要内容

制造大数据全体系全价值链建模问题是本书所要解决的关键科学问题。制造大数据缺乏贯通多业务域和产品全生命周期的建模方法，无法被有效利用和分析。要解决制造大数据全体系全价值链建模问题，必须要解决以下几个问题。第一，数据体系结构搭建问题。设计图纸、设备物联、企业业务等制造数据具有异构、多源、海量的特点，传统的数据管理体系不能有效适用，因此面向制造企业数据空间的制造大数据体系结构搭建是首先要解决的问题。第二，面向设计资源、制造过程、管理流程、产品服务大数据模型搭建问题。现有的制造数据模型没有针对全系统资源进行设计优化，没有考虑自上而下管理过程来制定管理策略，不能对全流程的制造过程进行严格管控，缺乏提供产品全周期服务的能力，因此面向全系统优化设计的设计资源大数据模型搭建、面向全贯通管理决策的管理流程大数据模型搭建、面向全流程制造管控的制造过程大数据模型搭建、面向全周期增值服务的产品服务大数据模型搭建是迫切需要解决的问题。

针对制造大数据建模难的应用难点，本书提炼出制造大数据全体系全价值链建模问题，并从该问题出发，搭建基于多维数据空间的制造大数据体系结构，建立全系统设计资源、全流程制造过程、全贯通管理流程、全周期产品服务等大数据模型，实现制造大数据全体系全价值链建模，解决制造大数据建模难问题。本书建立了面向制造企业数据空间的制造大数据体系结构及全价值链模型，为制造大数据高效集成检索和智能协同治理的研究提供了制造大数据主体、模态、关联关系等要素，为后续相关研究奠定了坚实的理论基础。

本书从制造大数据全体系全价值链建模关键科学问题出发，介绍制造企业制造大数据的全体系结构搭建方法与全价值链建模方法。具体方法如下：首先，构建制造企业多维数据空间模型，分别建立制造企业数据业务域、处理域、模态域体系架构，形成面向制造企业数据空间的制造大数据体系结构；其次，通过建立全系统设计资源主体及数据模型和面向全系统优化设计的数据关系模型，形成面向全系统优化设计的设计资源大数据模型；再次，通过建立全流程制造过程主体及数据模型和面向全流程制造管控的数据关系模型，形成面向全流程制造管控的制造过程大数据模型；然后，通过建立全贯通管理流程主体及数据模型和面向全贯通管理决策的数据关系模型，形成面向全贯通管理决策的管理流程大数据模型；最后，通过建立全周期产品服务主体及数据模型和面向全周期增值服务的数据关系模型，形成面向全周期增值服务的产品服务大数据模型。总体技术路线如图 1.1 所示。

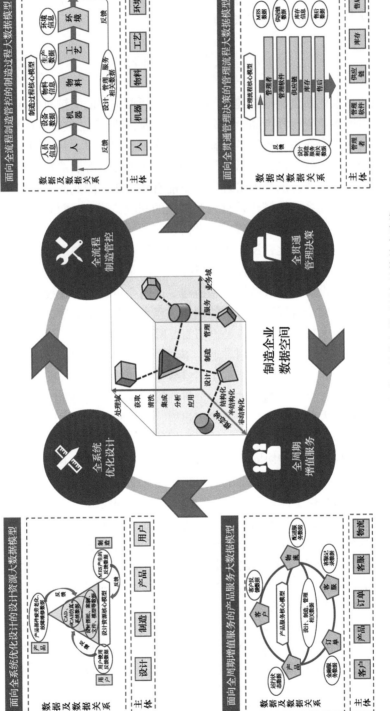

图 1.1　制造大数据体系结构与模型研究总体技术路线

　　在制造大数据全体系全价值链建模方面，本书建立了制造企业多维数据空间模型，数据空间包含设计、制造、管理、服务等制造企业数据业务域，包含数据获取、清洗、集成、分析、应用等制造企业数据处理域，还包含结构化数据、半结构化数据、非结构化数据等制造企业数据模态域，形成了面向制造企业数据空间的制造大数据体系结构。本书开创性地建立了面向设计、制造、管理、服务的全体系全价值链大数据模型，突破了现有数据模型只是面向单一业务域的问题，打通了各业务域之间的联系，建立了面向全系统优化设计的设计资源大数据模型、面向全流程制造管控的制造过程大数据模型、面向全贯通管理决策的管理流程大数据模型、面向全周期增值服务的产品服务大数据模型。通过分析设计资源、制造过程、管理流程、产品服务的主体、数据及数据之间的关系，建立了以本业务数据为主、其他业务数据为辅的大数据模型。

　　本书研究"制造企业数据空间构建方法与技术"中的制造企业数据空间体系架构与大数据模型理论及方法体系，为制造大数据高效集成与检索、制造大数据智能协同治理等提供体系基础和理论支撑，也为制造企业数据空间原型系统的研发提供技术支撑。本书阐述内容在典型企业的应用示范，可促进新型数据空间管理能力的发展和平台的建设，逐步为面向智能制造的数据空间管理体系建设探索出一条符合中国国情的道路，可显著降低示范企业现有数据空间管理的数据、人力、资金成本，真正提升企业的智能制造水平，具有显著的经济效益和社会效益。

第 2 章　面向制造企业数据空间的
制造大数据体系结构

在现代制造业中，随着信息技术的迅速发展和数据量的激增，制造企业面临着如何有效管理和利用海量数据的挑战。制造大数据的分析与应用，不仅能够提高生产效率，还能提升产品质量，优化供应链管理，推动企业创新。然而，要实现这些目标，首先需要建立一个完善的制造大数据体系结构。本章介绍一种面向制造企业数据空间的制造大数据体系架构，建立制造企业数据空间的跨域集成模型，并提出一种可兼容多种数据模式的面向制造企业数据空间的制造大数据体系结构构建方法，最后介绍一种可以对时空数据的时间特征和空间特征进行有效综合捕捉利用的基于制造企业数据空间的时空数据异常检测方法[36,37]。

2.1　制造企业数据空间的建立

2.1.1　制造企业数据空间多维体系架构

现有的制造业大数据缺乏合理清晰的定义方法，尚未形成系统性、完备性的制造大数据体系结构，直接导致了制造大数据的建模难、集成难、治理难等问题。针对以上难点问题，亟须建立制造企业数据空间多维体系架构，使得每条企业数据可以在数据空间中给出明确定位，形成统一的制造大数据定义与定位方法。

制造企业数据空间包含三个维度：业务域、处理域和模态域，如图 2.1 所示。根据制造企业的部门分工，业务域可分为四个业务，即设计、制造、管理和服务。根据数据处理的方式不同，处理域分为如下几个步骤，即获取与记录、抽取清洗与注释、集成聚集与表达、分析与建模、解释与应用。根据数据的类型和形式划分，模态域可分为三个模态，即结构化、半结构化和非结构化。值得注意的是，未来随着科技的进步和制造业的发展，在上述三个维度的基础上，制造企业数据空间可能拓展到其他的维度，上述每个维度中的分类也有可能继续增加。

2.1.2　数据空间业务域体系架构

制造企业数据空间业务域包括设计、制造、管理、服务等业务，如图 2.2 所示。不同业务由制造企业不同部门承担，是企业生产经营过程的核心与主体，业务流程管理是一种以规范化的方式构造端到端的业务流程为中心，以持续提高组

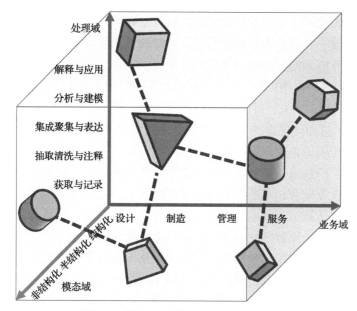

图 2.1　制造企业数据空间多维体系架构

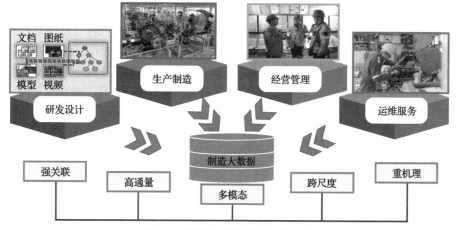

图 2.2　制造企业数据空间业务域

织绩效为目标的系统化方法。针对不同业务域的业务范围，归类具体数据。当制造企业发展过程中产生新的业务时，相应地也可在数据空间业务域上扩展新的业务。研究制造企业数据空间业务域，有利于优化企业现有业务，实现提质增效的目标。

　　设计是制造企业不断创新发展的核心。传统制造企业在实际运营过程中，基于对市场调研数据的一般性分析，通常难以获取有效信息。因此，其计划、组织、生产及销售过程难以做出科学准确的决策与预测，容易造成产品供不应求或供大于求等情况。大数据技术能够有效地解决制造企业产品供需不匹配的问题。在产品研发设计过程中对制造大数据进行挖掘，以及对消费者购买的产品种类和交易数量进行深度分析，能够揣摩消费者的订单需求和个人喜好，为用户个性化定制相应产品，并根据每次用户反馈的数据信息再次进行快速推送。此外，基于大数据对生产流程进行事前仿真，可以有效估计物料、能量等消耗。根据仿真结果分析原始设计的缺陷，进而优化生产工艺，有利于促进企业实现降本提质增效的目标。

制造是保证制造企业与用户供给关系的重要环节。建立先进的生产制造体系以实现智能化生产制造，是目前我国制造企业的发展趋势。制造企业通过对原有系统的升级改造及融合，不断提升制造流程的效率，这一过程主要以大数据为中心，以智能自动化技术为基础。制造企业首先对生产进度、物料、能耗、装置参数和工厂设备进行全面数字化升级，再将以上数据进行集聚整合，利用大数据挖掘分析技术进行精确数据的建模和实时优化，从而提升排产、进度、物料、人员等方面管理的准确性，实现智能产线和智能工厂生产流程的自学习、自感知、自适应、自控制，使生产资源配置更加精准高效，有益于提高制造企业的产品质量和综合效益。

管理是提升企业整体能力和水平的核心。制造企业要以大数据为出发点，在质量管理、能耗管理、资源状态管理、产品跟踪管理、库存管理等方面，通过对管理数据进行关联理解与信息挖掘，解决各部分管理数据之间的数据孤岛问题，从而更方便地了解、判断与分析产业链的现状。高效数据管理能够帮助制造企业找到物料能源和人员配置的最佳投入比例，便于根据市场需求合理组织资源并制订生产计划。制造企业按照各自的核心能力参与产业分工，将促进企业的组织管理更加高效，减少产业链中各环节由于人为管理失误而造成的损失和浪费，提高计划和决策的科学性。

服务是制造企业安全、可靠、高效、稳定运行的重点部分。在制造企业中，持续运行的设备会磨损与老化，可靠性下降，使产品的品质降低。因此，运用运维服务中的设备故障侦测功能，通过大数据技术收集设备的使用环境、实时运行状态、历史故障、设备感测资料和维修日志等数据，运用专家知识库与异常诊断模型进行诊断，能够识别设备异常情况的具体模式，预测未来故障的概率，有利于及时进行预防性维护等最合适策略。基于大数据分析的故障诊断不仅可以揭示故障的演化与传播机理，也便于实现备件的可持续供应和备件库存的优化管理。

制造企业业务域实现了产品从研发设计、生产制造、经营管理到运维服务的全过程无缝衔接和业务协同，打通各业务域之间的数据壁垒能够为制造企业提高效率和降低成本创造空间，促进产业提质增效和转型升级。

2.1.3　数据空间处理域体系架构

制造企业数据空间处理域包括数据获取与记录、数据抽取清洗与注释、数据集成聚集与表达、数据分析与建模、数据解释与应用等数据处理操作，如图 2.3 所示。制造大数据不同阶段的处理过程也符合制造大数据分析生命周期，建立制造企业数据空间处理域体系架构，能够从全生命周期对数据进行跟踪，提高数据质量。

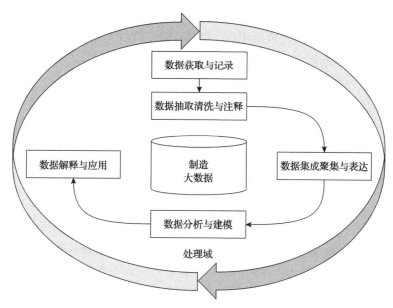

图 2.3　制造企业数据空间处理域

数据获取与记录是多源异构数据处理的基础，通过对制造企业生产过程中产生的大量数据进行实时采集，并将其存储到大数据存储服务器中，可以进一步对设备装置、能源消耗、产品质量、人员工作强度等多方面进行监控、管理和优化，从而帮助制造企业在生产中做出更科学、更高效的决策。

数据抽取清洗与注释是进行有效数据分析和数据挖掘的前提。在实际的生产过程中，由于制造大数据具有体量庞大、类型多样、离散时序等特点，数据以多源异构形式存在，且来源于复杂工况和不同系统，故而存在许多缺失的、错误的、不合理的和不符合规范的数据，难以保证数据准确性、真实性和完整性。此外，不同系统中数据的类型和结构也不一致，会给大数据的有效分析造成困难。数据抽取、清洗、注释的目的是通过预处理提高多源异构数据的质量和可用性，从而使其在实际分析应用中取得更好的效果。

数据集成聚集与表达能够整合来自多个系统中不同格式的数据，消除其数据之间类型和结构上的差异，解决多源异构数据来源复杂和结构异构的问题，从而实现对制造企业大数据的统一存储和分析，为多源异构数据的价值挖掘奠定基础。

数据分析与建模是多源异构数据处理的关键，是指在数据采集与数据集成环节的基础上对工业生产数据的信息和知识进行提取。其目的是利用数据挖掘、机器学习、统计分析等技术对集成的多源异构数据进行分析和处理，从而提取出有价值的信息和知识。其通常用于生产过程监控与优化、质量控制与预测、设备维护和管理、供应链管理等方面。

数据解释与应用以提供给用户可视化为最终目的，围绕消费者的需求，将各项数据进行上述步骤处理后生成给用户。它具有操作简单实时、展现形式自由丰富直观、所见皆可编辑的特点，使用户能够对业务域中的研发设计、生产制造、经营管理、运维服务等业务进行更加便捷的管理。

数据空间处理域中全生命周期的多步数据处理能够促进企业在生产制造、装置设备管理和人员分配等工作中做出正确的决策，达到优化制造流程和提高效能的目标，促进制造企业生产质量和效率的提高。

2.1.4 数据空间模态域体系架构

制造企业数据空间模态域主要包括结构化数据、半结构化数据和非结构化数据等数据模态，如图 2.4 所示。结构化数据可以使用关系型数据库来表示和存储，如 MySQL、Oracle、SQL Server 等，表现为二维形式的数据；半结构化数据可以通过灵活的键值来调整获取相应信息，且数据的格式不固定，常见的半结构化数据有 XML 和 JSON；非结构化数据没有固定的数据结构，包含全部格式的办公文档、文本、超文本标记语言 (hyper text markup language, HTML)、各类报表、图像和音/视频信息等。建立制造企业数据空间模态域，可以将不同格式之间的数据进行整合汇总，实现大数据关系的高度有序化，从而有效提升企业处理多模态大数据的能力和效率。

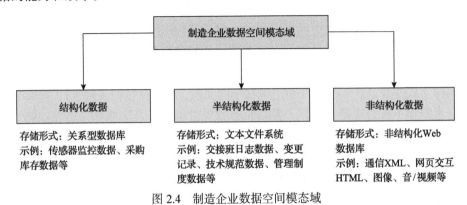

图 2.4　制造企业数据空间模态域

结构化数据通常使用二维逻辑表结构来表达，主要使用关系型数据库来表示和存储，先有结构再有数据，结构一般不变，处理起来比较方便。在制造企业运行阶段产生的传感器监控数据、采购库存数据等大多属于结构化数据，并很容易将其存储在 MySQL、Oracle、SQL Server 等数据库中，也很容易将其提取出来，因而其在制造企业中价值利用程度高。

非结构化数据相对于结构化数据，不方便运用数据库二维逻辑表来表达。这类非纯文本类数据没有标准格式，包含全部格式的办公文档、文本、图片、通信 XML、网页交互 HTML、行业各类报表、图像和音/视频信息等。非结构化数据可以基于关系型数据库管理系统(relational database management system, RDBMS)的非结构化数据存取系统直接存储于关系数据表中，从而实现数据的可靠存取。

半结构化数据是介于结构化数据和非结构化数据之间的数据类型，包括装置的交接班日志数据、变更记录、技术规范数据、管理制度数据等。半结构化数据可以通过大数据技术分析关系数据模型并建立映射规则，实现关系数据与半结构化对象的相互转换，从而有效地存储和获取半结构化数据。

制造企业数据空间模态域的构建，促进了制造企业大数据准确性、真实性和完整性的提升，同时也扩大和提高了数据存储的容量和精度，并且能够提升处理域中各项数据的处理能力和效率，进而有利于制造企业各项业务的优化，实现提质增效的目标。

2.2　制造企业数据空间集成模型

2.2.1　研发设计业务域数据空间跨域集成模型

为了支持面向制造企业全业务域的集成优化设计，研发设计业务域相关活动涉及的数据实体模型主要包括：产品构造模型、设计物料清单(bill of material, BOM)模型、工艺 BOM 模型、产品 CAD 几何结构模型、机电液控等多学科物理模型、CAE 仿真数据模型、产品组件内外部接口模型、产品功能划分模型、产品性能指标模型，以及产品设计标准规定、文档报告、资料文献、模型算法等专业设计知识模型。

研发设计业务域数据空间跨域集成，主要通过描述其他业务域中与研发设计相关的数据交互反馈，协同支撑研发设计的优化。跨域集成模型主要从研发设计业务域数据空间数据实体出发，对其与生产制造业务域、经营管理业务域、运维服务业务域的集成模型与接口关系进行描述，打通面向全业务域集成优化设计的数据空间跨域集成链条。

图 2.5 描述了面向全业务域集成优化设计的研发设计数据空间跨域集成模型。

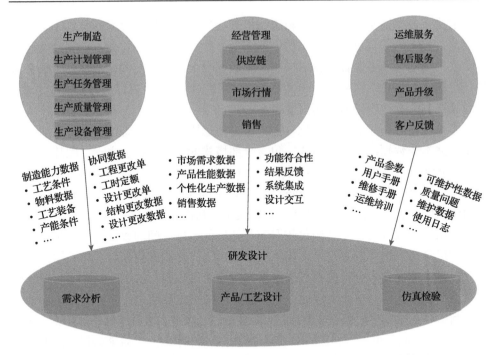

图 2.5　面向全业务域集成优化设计的研发设计数据空间跨域集成模型

其中，生产制造业务域数据空间与研发设计业务域数据空间之间的集成接口主要包括产品制造过程中工艺、质量、成本、效率相关数据，并且对优化改进的产品设计方案进行反馈、集成与交互。

经营管理业务域数据空间与研发设计业务域数据空间之间的集成接口主要包括供应链中实时变化的原料组件、市场行情竞品分析及对相应产品的销售预测等数据，并且对优化改进的产品设计方案进行反馈、集成与交互。

运维服务业务域数据空间与研发设计业务域数据空间之间的集成接口主要包括产品交付客户运行过程中产生的故障、质量问题、维修记录、售后服务等数据，并且对优化改进的产品设计方案进行反馈、集成与交互。

2.2.2　生产制造业务域数据空间跨域集成模型

生产制造过程数据涉及人、机、料、法、环等主体，为了支持面向制造企业全业务域集成管控，生产制造业务域相关活动涉及的数据实体模型主要包括：产品制造工艺规划模型、计划 BOM 模型、生产计划模型、排产模型、制造过程模型、制造过程监控信息模型、产线控制系统信息模型、人员信息模型、设备管理信息模型、物料信息模型、质量检测信息模型。

生产制造业务域数据空间跨域集成，主要通过描述其他业务域中与生产制造相关的数据交互反馈，协同支撑生产制造过程的高效、高质、降本。跨域集成模型主要从生产制造业务域数据空间数据实体出发，对其与研发设计业务域、经营管理业务域、运维服务业务域的集成模型与接口关系进行描述，打通面向全业务域集成管控的数据空间跨域集成链条。

图 2.6 描述了面向全业务域集成管控的生产制造数据空间跨域集成模型。

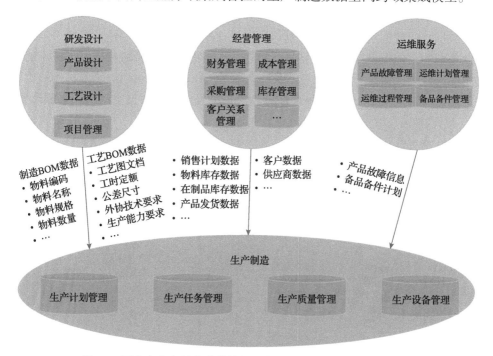

图 2.6　面向全业务域集成管控的生产制造数据空间跨域集成模型

其中，研发设计业务域数据空间与生产制造业务域数据空间之间的集成接口主要包括产品构造、设计 BOM、工艺 BOM、CAD、CAE 等模型相关数据，并且对不断改进的产品制造工艺规划进行反馈、集成与交互。

经营管理业务域数据空间与生产制造业务域数据空间之间的集成接口主要包括生产计划管理、任务调度管理、供应链中原材料零部件供应变化情况等数据，并且对高效管控的产品制造任务进度监控、设备管理等制造过程进行反馈、集成与交互。

运维服务业务域数据空间与生产制造业务域数据空间之间的集成接口主要包括产品交付客户运行过程中产生的故障、质量问题、维修记录、售后服务等数据，并且对优化改进的产品制造工艺规划和制造过程质量管控进行反馈、集成与交互。

2.2.3　经营管理业务域数据空间跨域集成模型

经营管理流程数据涉及产、供、销、人、财、物的管理，以及各项经营活动的决策行为，为了支持面向制造企业全业务域集成管理决策，经营管理业务域相关活动涉及的数据实体模型主要包括：订单管理模型、销售管理模型、CRM 模型、SCM 模型、供应商管理模型、采购管理模型、生产计划执行管理模型、调度管理模型、质量管理模型、成本管理模型、风险管理模型、人力资源管理模型等。

经营管理业务域数据空间跨域集成，主要通过描述其他业务域中与经营管理相关的数据交互反馈，协同支撑高效经营管理。跨域集成模型主要从经营管理业务域数据空间数据实体出发，对其与研发设计业务域、生产制造业务域、运维服务业务域的集成模型与接口关系进行描述，打通面向全业务域集成管理决策的数据空间跨域集成链条。

图 2.7 描述了面向全业务域集成管理决策的经营管理数据空间跨域集成模型。

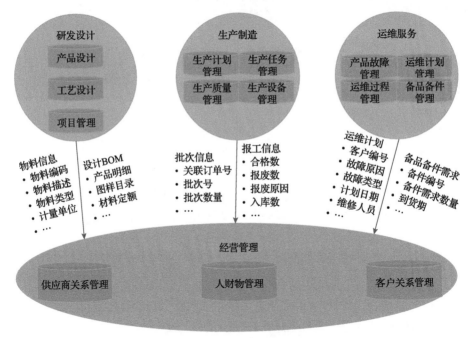

图 2.7　面向全业务域集成管理决策的经营管理数据空间跨域集成模型

其中，研发设计业务域数据空间与经营管理业务域数据空间之间的集成接口主要包括客户需求偏好因素、产品设计知识模型相关数据，并且对经营管理中提升的客户关系管理和不断改进的产品销售预测进行反馈、集成与交互。

生产制造业务域数据空间与经营管理业务域数据空间之间的集成接口主要包括产线制造过程实时情况、库存物料情况等数据，并且对经营管理中优化的供应链和提升的生产执行管理与调度效率进行反馈、集成与交互。

运维服务业务域数据空间与经营管理业务域数据空间之间的集成接口主要包

括客户评价、客服反馈、运行故障和维修记录等数据，并且对经营管理中改善的客户关系管理和提升改进的质量管控进行反馈、集成与交互。

2.2.4　运维服务业务域数据空间跨域集成模型

运维服务数据涉及产品交付客户后使用过程中的运行维护、健康监测、故障诊断、维修管理、客户评价等售后服务相关数据，为了支持面向制造企业全业务域集成服务，运维服务业务域相关活动涉及的数据实体模型主要包括：产品档案资产管理模型、运行状态监测管理模型、故障管理模型、备品备件管理模型、维修需求管理模型、维修计划管理模型、维修计划执行管理模型、维修日志管理模型、客户反馈评价管理模型等。

运维服务业务域数据空间跨域集成，主要通过描述其他业务域中与运维服务相关的数据交互反馈，协同支撑高效增值的运维服务水平。跨域集成模型主要从运维服务业务域数据空间数据实体出发，对其与研发设计业务域、生产制造业务域、经营管理业务域的集成模型与接口关系进行描述，打通面向全业务域集成服务的数据空间跨域集成链条。

图 2.8 描述了面向全业务域集成服务的运维服务数据空间跨域集成模型。

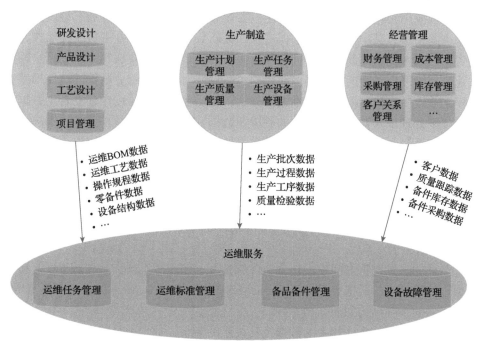

图 2.8　面向全业务域集成服务的运维服务数据空间跨域集成模型

其中，研发设计业务域数据空间与运维服务业务域数据空间之间的集成接口主要包括与客户定制要素相关的产品设计方案数据，并且在客户服务过程中不断改进以更好地满足客户需求的反馈、集成与交互。

生产制造业务域数据空间与运维服务业务域数据空间之间的集成接口主要包括制造过程质量检测、库存实时变化情况、产量变化情况相关数据，并且对运维服务中潜在质量问题预测预警和维修所需备品备件的准备不断进行反馈、集成与交互。

经营管理业务域数据空间与运维服务域之间的集成接口主要包括客户关系管理、质量管理、供应链管理相关数据，并且对运维服务中改进修正的客户定制化增值服务与质量故障问题、提升改进的维修所需备品备件的预测性储备管理进行反馈、集成与交互。

2.3　面向制造企业数据空间的制造大数据体系结构构建方法

2.3.1　多维数据空间模型的实现方法

面向制造企业数据空间的制造大数据体系结构构建方法涉及制造企业数据空间技术与应用领域，该方法首先构建包含业务域、模态域和处理域三维度的多维数据空间模型；其次通过集成数据进程和更新数据进程构建业务域维度架构，将设置不同属性标签的制造业数据按照资源视图的储存规则集成在多维数据空间模型业务域维度中并实时更新制造业数据；然后针对不同制造业数据的属性标签，在模态域维度中设置不同的查看查询方法；最后在处理域维度中建立若干数据处理维度来处理操作业务域维度中的制造业数据并获取结果。该构建方法解决了传统数据库模型和传统数据仓库在海量数据处理、存储和数据定义定位等方面的问题，提高了制造数据的有效利用率，挖掘了制造大数据的潜在价值。面向制造企业数据空间的制造大数据体系结构构建方法，是一种能实现对各种数据类型统一表示的数据资源视图表示方法，将此方法应用于制造企业数据空间，打破了现有传统数据管理体系存储不同格式数据难的技术壁垒。该构建方法的具体流程如图 2.9 所示。

构建的多维数据空间模型包含业务域维度、模态域维度和处理域维度。多维数据空间模型中的数据空间是基于 iMeMex 数据模型(iMeMex data model, iDM)组织建立的，其结构如图 2.10 所示。

数据空间是与主体相关的数据及其关系的集合，数据项是数据空间的基本构成单位，主体相关性和可控性是数据空间中数据项的基本属性。主体、数据集、服务是数据空间的三大要素，主体是指数据空间的拥有者，在这里制造企业是主

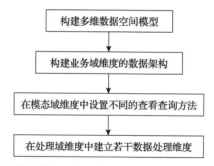

图 2.9　面向制造企业数据空间的制造大数据体系结构构建方法具体流程

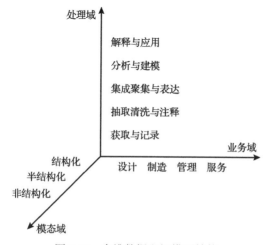

图 2.10　多维数据空间模型结构

体,数据集是与制造企业相关的所有可控数据的集合,制造企业通过数据空间管理系统所提供的服务对数据空间的数据集进行管理,这里的服务是指在模态域维度设置不同的查看查询方法。数据空间具有以下特性。

(1)数据分散异构:数据空间中的数据可以来自多个不同的数据源,在这里制造企业数据空间数据的主要来源是制造企业设计、制造、管理、服务四大业务域。数据格式更是多种多样,可能包含关系表、文本、电子邮件、图像、音/视频等多种异质的数据,数据空间所管理的数据包含主体所需的关系型数据库中的结构化数据、XML 数据库或 LaTeX 文件中半结构化数据及非结构化的文本流数据等。数据的分布性、异构性等特征使得初期数据之间缺乏明确的语义信息,无法构建数据间确定的模式信息。数据空间可能会出现交叉重叠的情况,因为数据空间是与主体相对应的,不同的主体对应的数据空间是有可能重叠的,一个数据项可能既属于主体 A,又属于主体 B。例如,制造企业中的物料信息数据,既属于主体制造业务又属于主体管理业务。

(2)模式松散滞后：在数据空间中先有数据，后有模式，根据已有数据不断归纳出最适合的数据模式，即数据优先，模式滞后。数据空间采用图模型构建一个松散滞后的模式，数据空间从数据到模式不依赖严格的数据模式，其数据模式是在数据的基础上，根据主体的需求逐步演化而来的，是不断变化的，数据空间并不是无模式的。

(3)按需集成方式：数据空间是以一种基于主体需要的数据集成方式"即付即得"(pay-as-you-go)构建的，该数据集成方式可以部分实现按需集成。在数据空间初建时，所含数据差异大、相互关联少；随着数据空间的长时间使用，数据演化引擎根据人们的需求不断对数据进行演化处理，数据空间中的数据随着主体的发展不断变化，一些新的数据项会加进来，同时一些不再具有应用价值的数据项会消失。数据的真实含义逐步被数据空间归纳理解，数据之间的关联关系逐步清晰，语义信息也逐步明确，最终呈现出符合用户心意的数据模式及数据形态。

(4)数据关联受控：数据空间中的数据关联是受控于主体的，数据空间中的数据项对于实体一定是有意义的，只有当数据空间主体认为必要时，才会将数据保存到数据空间中，才会在数据间建立关联，且这种关联是复杂动态演化的。因为数据关系是根据主体需要逐步建立的，这也使得对于数据的操作结果可能不是最优的而是次优近似的。

(5)查询方法多样：数据空间的异构数据特征决定了不能仅提供一种类型的查询方式(如搜索引擎中的关键字查询或关系型数据库中的结构化查询)，而是多种查询方式相结合。数据空间的 pay-as-you-go 需要提供从关键字查询到结构化查询等多样化搜索查询服务，例如，起初由于抽取信息较弱和数据源之间没有建立语义关联，可以只提供基本的关键字搜索服务，随着时间的推移，用户和系统将会逐渐地建立更多的模式、语义关联信息，系统也将能够支持更加丰富的查询方式。与传统的索引方法不同，数据空间中的索引方法需要能够索引多种格式数据，同时支持关键字查询和结构化查询等多种查询方式。

数据空间内的数据通过资源视图来表示，资源视图为具有多个组件的序列，能够表示结构化数据、半结构化数据或非结构化数据。

资源视图由四元组 $V(\eta, \tau, \chi, \gamma)$ 表示，若资源视图 V 的四个组件之一为空，则该资源视图不写出该组件或写出其结果为 Null，四个组件的含义如下。名称组件 η 为资源视图名称的字符串。元数据信息组件 τ 为一个二元组 (W, T)，W 为该资源视图元数据的名称序列，T 为对应 W 的元数据的值序列。内容组件 χ 为字符序列，该字符序列为有限序列或无限序列。关系组件 γ 为二元组 (S, Q)，S 为空集或以资源视图作为元素的集合，Q 为空集或资源视图的一个有序序列，且满足以下条件。

(1) 当 S 是有穷集合时，$S = \{V_{S1}, V_{S2}, \cdots, V_{Sm}\}$，当 S 是无穷集合时，$S = \{V_{S1}, V_{S2}, \cdots\}$，$V_{Si}(i=1,2,\cdots,m)$ 代表任意一个资源视图；同样，当 Q 是有穷序列时，$Q = \{V_{Q1}, V_{Q2}, \cdots, V_{Qn}\}$，当 Q 是无穷序列时，$Q = \{V_{Q1}, V_{Q2}, \cdots\}$，$V_{Qi}(i=1,2,\cdots,n)$ 代表任意一个资源视图。

(2) $S \cap Q = \varnothing$，即集合 S 与序列 Q 的交集为空集，代表集合 S 与序列 Q 中包含的资源视图不相同。

(3) 假定任意一个资源视图的 γ 组件非空，若除资源视图 V_i 外的任一资源视图 $V_k \in S \cup Q$，则资源视图 V_k 与资源视图 V_i 为直接相关，记作 $V_i \to V_k$。

(4) 若资源视图之间满足关系 $V_i \to V_j \to \cdots \to V_k$，则资源视图 V_k 与资源视图 V_i 间接相关，记作 $V_i \backsim V_k$。

由上述组件含义可以得知：一个资源视图是一些组件序列，这些组件序列表示结构化数据、半结构化数据和非结构化数据。数据空间中各个数据源尽管格式各不相同，却能由 iDM 清晰丰富统一地描述出异构数据的数据模型。

在一些案例中，"设计业务"文件夹下的文件和文件夹层次信息如图 2.11 所示。图中以"设计业务"文件夹管理部分异构设计业务数据：文件夹"软件数

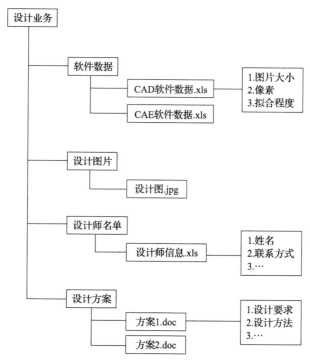

图 2.11　异构设计业务数据中"设计业务"文件夹下的文件和文件夹层次信息

据"给出了其中包含的子文件并展示了文件"CAD 软件数据.xls"的详细内容片段;文件夹"设计图片"给出了其中包含的子文件"设计图.jpg";文件夹"设计师名单"给出了其中包含的子文件"设计师信息.xls"的详细内容片段;文件夹"设计方案"给出了其中包含的子文件并展示了 V_i 文件"方案 1.doc"的详细内容片段。

具体地,在一些案例中,将图 2.11 中的异构设计业务数据统一用资源视图表示后组成的资源视图模型,如图 2.12 所示,它打破了文件、文件夹及文件内容的界限。其中,节点代表资源视图,每个节点是通过资源视图的名称来标识的;有向边代表资源视图之间的关系,这些关系是由资源视图的(关系)组件 γ 体现出来的。在 iDM 中,文件夹及文件统一表示为资源视图,而且文件内容的一些结构化信息也表示为资源视图。例如,"CAD 软件数据.xls"文件中的每行数据表示为一个资源视图,代表一幅仿真图的信息;"方案 1.doc"文件的"设计要求""设计方法"部分也分别表示为一个资源视图。

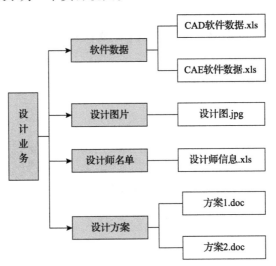

图 2.12　异构设计业务数据统一用资源视图表示后组成的资源视图模型

接下来,给出图中资源视图组件内容的详细定义。对于"设计师信息.xls"文件内容中的 001 节点,将定义为 $V_{001} = (\eta_{001}, \tau_{001}, \chi_{001}, \gamma_{001})$,其中 $\eta_{001} = 001$; $\tau_{001} = (W, T)$, $W = \langle$工号: String, 姓名: String, 性别: String, 联系方式: String$\rangle$, $T = \langle 001,$ 张三, 女, 188****0302$\rangle$;$\chi_{001} = \langle\cdot\rangle$; $\gamma_{001} = (S, Q)$, $S = \{\}$, $Q = \langle\cdot\rangle$。

该数据空间模型中的数据空间基于 iDM 组织建立,提出了一种统一资源视图概念和形式化的表示方法,能够实现对各种数据类型(如文档、目录、关系表、XML 文档、数据流等)的统一表示,突破了数据对象和文件系统的边界,将对象内部数据和外部数据统一表示。该数据空间模型能够概括数据空间的特点,提供高效的数据服务，使制造企业数据可以在数据空间中给出明确定义和定位，从而形成统一的制造大数据定义与定位方法。

本节开创性地构建了制造企业多维数据空间模型，该数据空间包含贯穿设计、制造、管理、服务四大业务的制造企业数据业务域，集结构化数据、半结构化数据、非结构化数据三种数据模态于一体的制造企业数据模态域以及综合数据获取、清洗、集成、分析、应用等数据处理操作的制造企业数据处理域，形成了面向制造企业数据空间的制造大数据体系结构。

本节提出了一种能实现对各种数据类型统一表示的数据资源视图表示方法，将此方法应用于制造企业数据空间，打破了现有传统数据管理体系（传统数据库模型、传统数据仓库等）存储不同格式数据难的壁垒，有效适应于管理制造企业设计、管理、制造、服务四大业务域内具有多源异构、指数增长、非结构化、非模式化等特性的制造数据，为制造企业提供了高效数据服务。

2.3.2　业务域维度数据架构的实现方法

通过集成数据进程和更新数据进程构建业务域维度的数据架构，将设置不同属性标签的制造企业数据按照资源视图的存储规则集成在多维数据空间模型业务域维度中，并实时更新所述的制造企业数据。

制造企业数据业务域的维度主要包括设计、制造、管理、服务四大业务域，如图 2.10 所示。制造企业数据空间根据这四个维度划分为四个区域（区域 A、B、C、D）便于设计、制造、管理、服务四大业务域数据的分类存放。制造企业数据包括结构化数据、半结构化数据和非结构化数据三种数据模态。

制造企业数据业务域体系架构主要包括集成数据进程和更新数据进程。

1）集成数据进程

根据制造数据在制造行业不同维度对应的业务域不同，大致可以归类为设计、制造、管理、服务四类大数据。其中，设计业务大数据来源主要包括 CAD 与 CAE 软件仿真系统数据、设计方案、设计案例、设计图形、设计图纸、设计模型等；制造业务大数据来源主要包括 MES 数据、人员信息、设备物联数据、物料信息、生产数据、环境信息等；管理业务大数据来源主要包括仓库管理系统（warehouse management system, WMS）数据、材料库存信息、供应链数据、售后信息等；服务业务大数据来源主要包括产品运行状态信息、客户反馈数据、客服记录、订单信息、物流配送信息等。四大业务的数据均包含结构化数据、半结构化数据和非结构化数据。

通过数据包装代理（Wrapper）的方法实现以上四类大数据的集成：四个包装器对应设计、制造、管理、服务四大业务域的数据源（包装器 A 操作于 CAD、CAE

工具软件，包装器 B 操作于 MES，包装器 C 操作于 WMS，包装器 D 操作于服务平台如网站、微信、手机软件等应用程序），对特定数据结构格式的数据对象采用对应的 Wrapper 进行数据特征信息抽取和标识，再通过模式匹配的方法确定数据对象在数据空间中是否已存在或者是否与主体相关，排除已存在于数据空间的数据对象及与主体不相关的数据对象，最后剩下的数据对象存放于各个数据空间相应区域（区域 A、B、C、D），完成集成数据进程。Wrapper 的执行步骤流程如图 2.13 所示。

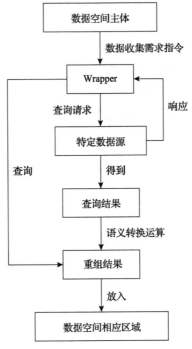

图 2.13　Wrapper 的执行步骤流程

集成数据进程具体步骤如下：

(1)根据数据不同的属性标签选择不同的 Wrapper，有针对性地抽取数据的特征信息并进行标识；

(2)当 Wrapper 接收到来自请求主体的数据收集需求指令后，根据数据源的特征信息和标识发出查询请求，对应的 Wrapper 生成数据查询语句进行查询操作并得到查询结果。例如，StruWrapper 对于 MySQL 等关系型数据库采用 SQL 语句，SemistruWrapper 对于 XML 文档采用 XQuery 语句，UnstruWrapper 对于网页数据（HTML）采用 XPath 语句或层叠样式表（cascading style sheet, CSS）选择器等；

(3)通过语义转换运算将查询结果重组得到以资源视图表示的重组结果，语义转换运算将数据按照数据空间的数据模式要求集成到数据空间中，建立起数据源局部模式和数据空间全局模式的语义映射，从而确定数据模式；

(4)通过模式匹配的方法确定数据源的数据对象是否已存在于数据空间或是否与数据空间主体相关，在数据源中抽取出已存在于数据空间的数据对象和与主体不相关的数据对象，将剩下的数据对象存放于其对应的数据空间区域内，从而完成集成数据进程。

采用 Wrapper 的方法实现所述集成数据进程，即数据空间在查询数据源时，通过读取该数据源的配置信息动态生成特定的 Wrapper 对象实例，并在 Wrapper 中解决字段名和类型的不同及语义不匹配等问题。

每个 Wrapper 都包含三类不同类型的 Wrapper，分别是针对结构化数据收集的 StruWrapper、针对半结构化数据收集的 SemistruWrapper 及针对非结构化数据收集的 UnstruWrapper。

图 2.12 是经 Wrapper 方法采集和模式匹配方法判别后的部分异构设计业务数据统一用制造企业数据空间内资源视图表示后组成的资源视图模型示例。资源视图模型的粒度(数据内容的资源视图表示)与 Wrapper 技术密切相关，Wrapper 技术逐步细化每个资源视图节点。

2)更新数据进程

通过 Wrapper 的方法可以使得数据空间间接与各个工具软件、平台和应用程序连接，方便实时进行新数据的收集获取，实现对数据源的"即插即用"。此外，智能数据模型采用一种pay-as-you-go 的信息集成方法逐渐发现数据项之间的联系信息，使松散的集成数据源逐渐丰富，一定程度上缓解了构建语义集成带来的困难。但是该方法过于缓慢，为了提升数据空间更新集成的速度，本节创新性地提出基于智能代理的数据模式监控方法。

智能代理是一种运行于动态环境中，具有应激性、自制性的软件实体。智能代理可以在用户没有明确具体要求的情况下，根据实际需要自动执行用户委任的任务。智能代理具有以下特点。

(1)智能性：具有使用推理、学习和其他技术来分析解释它已接触过的或提交给它的各种信息和知识的能力；具有丰富的知识和一定的推理能力，能揣测用户的意图，会处理复杂的高难度任务，对用户的需求能分析地接收，自动拒绝一些不合理或可能给用户带来危害的要求，而且具有从经验中不断学习、适当进行自我调节、提高处理问题的能力。

(2)代理性：具有感知其环境并采取相应动作的能力，即自治能力和感知能力。在功能上是用户的某种代理，它可以代理用户完成一些任务，并将结果主动反馈给用户。

智能代理包括以下关键技术。

(1)机器技术：机器技术中的核心是推理机和学习机，它们提供了智能代理所需的推理能力和学习能力。推理机依赖外部事件和一套外部数据(规则基)，通过其外围逻辑接口的输入进行逻辑推理，从而使智能代理产生各种可能行为；学习机则提供了修改规则基和长期事实的能力，包括增加新规则、修改过期规则、增加新事实、修改信任系数等。机器技术是构成智能的核心技术。

(2)内容技术：内容技术用于推理数据和学习数据，但它不一定就是知识，它主要包括属于结构化知识的规则、语法，以及大量非结构化的通用知识和结构化的数据。内容技术是机器技术中推理机、学习机等引擎运转的基础，亦影响着代理的智能性。此外，智能代理可以通过对用户行为的观察或其他启发进行学习。

(3)访问技术：访问指的是智能代理同它周围环境进行交互的程度。智能代理能够感知其环境中发生的事件并且能够采取相应动作。在将访问函数结合到机器的动作过程中后，通过推理和学习就可以同本地或外部的应用进行交互。访问技术与智能代理的代理能力有关，不同程度不同类别的访问技术将决定智能代理的能力。

将智能代理运用到数据空间内部数据模式监控中，形成基于智能代理的数据模式监控技术，主要运用的是智能代理的机器技术、内容技术和访问技术，形成包含监控分析代理和检测验证代理的多代理网络架构的数据模式监控代理。监控分析代理通过监控内部数据变化，基于关联规则挖掘 Apriori 算法对数据进行推理、学习，从现有的数据中挖掘出数据间的语义联系从而学习当前的数据模式，并将当前数据模式信息传送至检测验证代理中，检测验证代理再依据当前数据空间环境，进行针对数据空间当前数据模式的自适应学习，将自适应学习结果与由监控分析代理传送的数据模式信息进行比对，最后根据主体企业对于该数据模式的反馈信息(增加定义，修改或删除部分关联关系等)确定该数据模式信息最终的合法性，若合法，则据此执行集成数据进程，推动完成数据空间的更新。基于智能代理的数据模式监控方法执行流程如图 2.14 所示。

本节创新性地提出将 Wrapper 方法和模式匹配方法运用到制造企业数据业务域体系架构的集成数据进程中，将基于智能代理的数据模式监控技术运用到更新数据进程中，基于数据空间图的逻辑模型没有严格的数据模式和数据分布存储的特点，制造企业数据业务域体系架构更完整更全面地将制造企业中设计、制造、管理、服务四大业务域各大类分散、零乱、标准不统一的数据整合到一起，按一定资源视图的规则转换，使其在逻辑上能进行有效集成和更新，形成能够被识别格式和运用的数据，能为制造企业形成更完整更全面的全局数据共享架构。

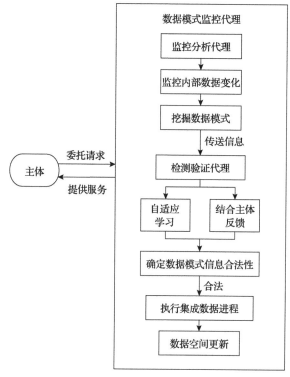

图 2.14　基于智能代理的数据模式监控方法执行流程

制造企业数据业务域体系架构定义了业务战略、管理、组织和关键业务的流程，是企业全面信息化战略和信息系统架构的基础，是数据、应用、技术架构的决定因素，它将高层次的业务战略和目标转换为可操作的业务模型，对业务的主要流程和共享流程进行适当划分。

2.3.3　模态域维度数据架构的实现方法

如图 2.10 所示，多维数据空间模型中模态域维度数据包含结构化、半结构化和非结构化三种数据模态。针对不同制造企业数据的属性标签，在模态域维度设置不同的查看查询方法，从而实现实时查看查询业务域维度的制造企业数据。查看查询方法包括具有内容信息的关键字查询、具有结构信息的谓词查询、具有内容和结构信息的路径表达式查询。

制造企业数据模态域的三个维度为数据添上了属性标签(一个数据项对应一个属性标签：结构化数据、半结构化数据或非结构化数据)，企业决策者可以通过该属性标签分类查看查询三种数据模态数据，以下为具体的查询方法。

(1)具有内容信息的关键字查询：关键字查询是由多个关键字组成的集合

$\{K_1,K_2,\cdots,K_n\}$，假设包含关键字 K_1 的资源视图集合为 S_1，包含关键字 K_2 的资源视图集合为 S_2，依次类推，最终得到集合 $S_1,S_2,\cdots,S_n$，求 $S_1\cup S_2\cup\cdots\cup S_n$ 得到最终结果。例如，搜索关键字"设计图片"将返回包含设计图片的资源视图，在这里，包含设计图片可以是名称组件、元组组件和内容组件中的任何一个。

(2)具有结构信息的谓词查询：一个谓词查询包含一个谓词集合。每一个谓词形式为 $(v,\{K_1,K_2,\cdots,K_n\})$，$v$ 称为谓词，可以是一个属性名，$K_1,K_2,\cdots,K_n$ 是关键字，若一个资源视图的元组组件中具有属性谓词 v，且对应的属性值是 $\{K_1,K_2,\cdots,K_n\}$ 中之一，则这个资源视图满足查询要求。例如，一个简单的谓词查询(姓名,{张三,李四})，这个查询的目的是搜索那些元组组件中属性名为"姓名"且属性值为"张三"或"李四"的资源视图。

(3)具有内容和结构信息的路径表达式查询：路径表达式查询方式为 " $/t_1/t_2/\cdots/t_k$ "，除了 t_k，每一个 t_i 都是一个标记，或者为资源视图名称组件，t_k 除了是 t_i 的情况，还可能是元组组件中的属性名和内容组件中的关键字；"/"表示两个资源视图的直接相关关系。例如，搜索"设计业务/设计方案/方案 1/设计要求"，将返回路径"设计业务/设计方案/方案 1"下面包含关键字"设计要求"的资源视图，方案 1 是一个资源视图的名称组件，则"设计要求"就是这个资源视图内容组件中的关键字。查询"设计业务/设计师名单/设计师信息/工号"，搜索返回所有设计人员的工号，"设计师信息"是一个资源视图的名称组件，则工号即为这个资源视图的属性名。

制造企业数据模态域体系架构基于数据业务域体系架构，为企业提供了多维度多方面经数据业务域体系架构集成和更新的可视化制造数据，让制造企业决策者可以更全面更清晰地了解企业的数据状态情况，有效提升企业处理多模态大数据的能力和效率。

2.3.4 处理域维度数据架构的实现方法

在处理域维度建立若干数据处理维度来处理操作业务域维度中的制造企业数据并获取结果。制造企业数据处理域依次包含数据获取与记录、数据抽取清洗与注释、数据集成聚集与表达、数据分析与建模、数据解释与应用五大数据处理操作维度。在多维数据空间模型的实现方法中所提到的服务，就是制造企业数据处理域体系架构提供的五大数据处理操作。

制造企业数据处理域体系架构基于数据业务域体系架构，对经数据业务域体系架构集成和更新的制造数据，提供五大数据处理操作，进行深入数据处理操作并获取结果，旨在从全生命周期跟踪制造数据，逐步提高制造数据的质量，使制造数据充分发挥其优势，为制造企业未来做重大决策提供预测参考、贡献力量，从而促进制造企业的繁荣发展。

数据获取与记录，即根据企业业务需求，将制造数据从制造企业数据空间中获取出来，记录到进行数据处理操作的相应软件中，如 Python 语言操作软件中的 Pycharm 等。

数据抽取清洗与注释，即从制造企业数据空间中抽取数据，可能会出现获取的数据遗漏或取值奇异等情况，故在进行其他深入数据处理操作前要进行数据清洗操作，去除不符合要求的数据，并对必要数据进行数据注释操作。

数据集成聚集与表达，即根据企业业务需求，将制造企业所需各类相关制造数据进行一定规则的转换，在逻辑上或物理上进行有效集成聚集与表达，形成能够被识别和运用的数据或格式，为制造企业提供完整全面的可视化共享全局数据。

数据分析与建模，即根据制造企业对于所需制造数据的预期数据处理操作目标，针对经过清洗注释集成的数据，采用人工智能大数据等前沿技术进行数据分析，建立构造相应解决企业实际问题的数据模型，得到制造企业目标所求的数据结果。

数据解释与应用，即针对经过分析与建模的制造数据结果，再结合制造企业现实情况进行准确解释并应用于制造企业日常业务开展中。

2.4　面向制造企业数据空间的时空数据异常检测方法

2.4.1　时空数据获取

面向制造企业数据空间的时空数据异常检测方法涉及制造企业数据空间的时空数据异常检测的技术与应用领域，该异常检测方法首先从制造企业数据空间中获取制造企业时空数据，并先后进行数据清洗操作和数据预处理操作，再构建一个基于图卷积网络 (graph convolutional network, GCN) 和长短期记忆 (long-short term memory, LSTM) 模型循环神经网络相结合的无监督预测模型；然后进行模型迭代训练以得到基于 GCN-LSTM 的最优预测模型；最后将要预测的未来时刻之前的连续 T 个相邻等间隔时刻的数据作为训练好的预测模型的输入，获取该未来时刻的预测值并计算未来时刻预测值与真实值之间的差值绝对值，根据制造企业业务需求，重复 K 次上述步骤得到数据条数为 K 的差值数据集，再利用基于 Copula 的异常检测 (Copula-based outlier detection, COPOD) 方法对差值数据集进行异常检测操作，可得到实时异常检测结果。

该方法通过 GCN 来提取制造企业时空数据的空间特征，通过 LSTM 来提取制造企业时空数据的时间特征，两者组合构成的改进预测模型能够对制造企业时空数据的时空相关性进行有效建模，并通过 COPOD 方法进行异常检测，对异常的来源提供可解释性，解决了传统数据异常检测方法在制造企业的高维度数据上和带有拓扑信息数据上的应用缺陷，有效提高了对于具有时空特征制造数据的异常检测准确率，可靠性高且检测效果好，可辅助制造企业及时发现时空数据中的漏洞并找到所映射的制造机器可能出现故障的时间点及原因，迅速反馈给相关部门，实现工作效率最大化。本方法目的在于弥补现有技术的缺陷，综合利用制造企业时空数据的时空相关性，提供一种可靠、高效的制造企业数据空间时空数据异常检测方法，及时且有效地辅助制造企业检测出制造机器的故障，提供解决问题的方向及思路。该异常检测方法的具体流程如图 2.15 所示。

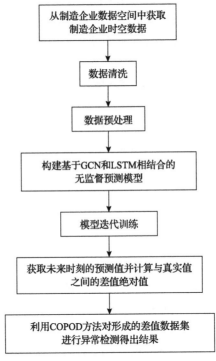

图 2.15　面向制造企业数据空间的时空数据异常检测方法具体流程

　　制造企业时空数据是指制造企业设计、制造、管理、服务四大业务中携带拓扑结构信息的多维度时间序列数据，通常在多个机器设备联动工作的过程中产生。拓扑结构信息主要映射多个机器设备之间的工作关联程度，多维度时间序列主要映射多个机器设备联动工作时等间隔时刻的指标信息情况，两者结合反映出在一段时间内机器设备的运维情况。

　　从制造企业的数据空间中获取制造企业时空数据，记录到基于 Python 编程语言进行数据处理操作的软件 Pycharm 中。

2.4.2　时空数据清洗

数据清洗操作主要步骤如下。

(1)信息缺失数据的清洗:对每个数据字段确定缺失范围,缺失关键数据字段的数据直接舍弃,缺失非关键数据字段的数据以同一指标或不同指标的计算结果填充缺失值,若存在无法补全信息的数据,则直接进行删除操作,因为从大量数据中删除个别样本不会影响最终结果。

(2)内容错误、矛盾数据的清洗:有错误、相互矛盾的数据可能会干扰对数据的分析,得到一个错误的结论,为保证数据的正确性直接剔除它们。

(3)逻辑错误数据的清洗:根据业务规则将逻辑错误的数据舍弃,保证数据逻辑正确。

(4)不必要数据的清洗:去除与业务规则无关的数据,保证数据的相关性。

(5)重复数据的清洗:通过一定的规则判断出存在数据重复,则对重复的数据进行删除或合并处理,从而避免数据的冗余。

对制造企业时空数据进行数据清洗操作的步骤流程如图 2.16 所示。

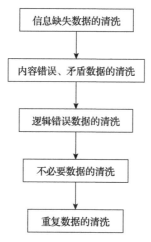

图 2.16　对制造企业时空数据进行数据清洗操作的步骤流程

2.4.3　时空数据预处理

数据预处理操作针对时空数据的多维度时间序列部分进行 max-min 归一化处理,将数据值大小转换到[0,1]区间。具体为:机器设备数量为 N ,机器设备指标数量为 P ,将时间长度为 t 的时空数据多维度时间序列集合记为 $Z = \{Z_1, Z_2, \cdots, Z_t\}$, $Z_i(i = 1, 2, \cdots, t)$ 为机器设备指标信息矩阵,其大小为 $N \times P$ 。经过 max-min 归一化

处理后得到新的多维度时间序列集合 $X = \{X_1, X_2, \cdots, X_t\}$，变换公式为

$$X_i = \frac{Z_i - \min(Z_i)}{\max(Z_i) - \min(Z_i)}, \quad i = 1, 2, \cdots, t \tag{2.1}$$

式中，$\min(Z_i)$ 为矩阵 Z_i 中的最小值；$\max(Z_i)$ 为矩阵 Z_i 中的最大值。

针对时空数据的拓扑结构信息部分，计算出邻接矩阵 A，用以表示机器设备间联动工作的关系。计算规则为：机器设备数量为 N，邻接矩阵可以看成由 N 个列向量组成，而每个列向量按照机器设备编号的顺序代表当前机器设备与包含自身在内的所有机器设备的联动工作关系，若有关联则记为 1，反之记为 0，与自身的关联亦记为 0，从而形成大小为 $N \times N$ 的邻接矩阵 A。具体为：机器设备数量 $N = 5$，一种机器设备间联动工作时可能存在的拓扑结构示例如图 2.17 所示。因编号为 R740-3-1 的机器设备与其他机器设备均相连，则编号为 R740-3-1 的机器设备对应列向量 $[0, 1, 1, 1, 1]^T$，同理可得邻接矩阵 A 为

$$A = \begin{bmatrix} 0 & 1 & 1 & 1 & 1 \\ 1 & 0 & 0 & 0 & 0 \\ 1 & 0 & 0 & 0 & 0 \\ 1 & 0 & 0 & 0 & 0 \\ 1 & 0 & 0 & 0 & 0 \end{bmatrix} \tag{2.2}$$

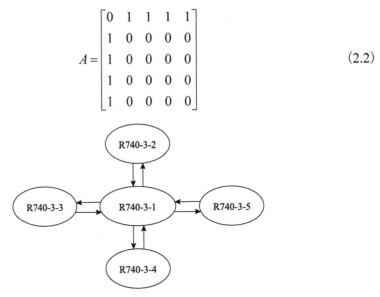

图 2.17　一种机器设备间联动工作时可能存在的拓扑结构示例

2.4.4　GCN-LSTM 无监督预测模型

GCN-LSTM 无监督预测模型，即基于 GCN 和 LSTM 相结合的无监督预测模型。其改进重点在于将 LSTM 中的线性层（又称完全连接层）替换为 GCN 的图卷积层，以此作为基本层来进行时空依赖性的学习，改进后的预测模型内部结构如图 2.18 所示。

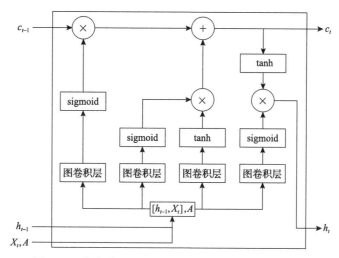

图 2.18　改进后 GCN-LSTM 无监督预测模型内部结构

图卷积层的具体模型为

$$F(U,A) = \text{ReLU}\left(\tilde{D}^{-\frac{1}{2}} \tilde{A} \tilde{D}^{-\frac{1}{2}} UW \right)$$

$$\tilde{A} = A + I, \quad \tilde{D} = \sum_{j} \tilde{A}_{ij} \tag{2.3}$$

式中，U 和 A 为模型的输入变量，U 为在某一时刻经过 max-min 归一化处理的机器设备指标信息矩阵，A 为邻接矩阵，矩阵大小为 $N \times N$；$\tilde{A}$ 为对角邻接矩阵，由邻接矩阵 A 和单位矩阵 I 相加得出；$\tilde{D}$ 为对角矩阵；ReLU 为激活函数，目的在于引入非线性；W 为权重矩阵，可通过模型训练获得最佳值。

通过 GCN 将机器设备指标信息和机器设备间的联动工作关系信息进行融合以提取制造企业时空数据的空间特征，来捕获拓扑结构的空间依赖性。

假定当前时刻为 t 时刻，LSTM 的具体模型如下。

（1）计算遗忘门 f_t：

$$f_t = \text{sigmoid}(W_f F([h_{t-1}, X_t], A) + b_f)$$

$$\text{sigmoid}(x) = \frac{1}{1 + e^{-x}} \tag{2.4}$$

式中，h_{t-1} 为 $t-1$ 时刻的输出；X_t 为 t 时刻经过 max-min 归一化处理的机器设备指标信息矩阵；$F([h_{t-1}, X_t], A)$ 为图卷积层的结果；f_t 为 t 时刻的遗忘门函数结果；W_f 和 b_f 分别为输入层的权重矩阵和偏置项，均可通过模型训练获得最佳值。

(2) 计算记忆门 c_t :

$$c_t = f_t c_{t-1} + i_t g_t$$
$$i_t = \text{sigmoid}(W_i F([h_{t-1}, X_t], A) + b_i)$$
$$g_t = \tanh(W_g F([h_{t-1}, X_t], A) + b_g) \tag{2.5}$$
$$\tanh(x) = \frac{e^x - e^{-x}}{e^x + e^{-x}}$$

式中, i_t 为 t 时刻的输入门函数结果; g_t 为 t 时刻的更新门函数结果; W_i 和 b_i 分别为输入层的权重矩阵和偏置项, 均可通过模型训练获得最佳值; W_g 和 b_g 分别为状态更新层的权重矩阵和偏置项, 均可通过模型训练获得最佳值; c_{t-1} 为 $t-1$ 时刻的旧细胞状态; c_t 为 t 时刻的记忆门函数结果, 代表 t 时刻的新细胞状态。

(3) 计算最终输出 h_t :

$$h_t = o_t \tanh(c_t)$$
$$o_t = \text{sigmoid}(W_o F([h_{t-1}, X_t], A) + b_o) \tag{2.6}$$

式中, o_t 为 t 时刻的输出门函数结果; W_o 和 b_o 分别为输出层的权重矩阵和偏置项, 可通过模型训练获得最佳值; h_t 为 t 时刻的最终输出结果。

LSTM 的关键技术在于其门控机制, 通过将遗忘门 f_t 与存储机器设备指标信息的旧细胞状态 c_{t-1} 相乘可以决定是否遗忘在旧细胞状态中的部分信息, 然后通过将输入门 i_t 与更新门 g_t 相乘可以决定是否存储在当前时刻的部分信息, 从而可以确定新细胞状态 c_t , 再将 tanh 函数处理后的新细胞状态 c_t 与输出门 o_t 相乘得到最终输出结果 h_t 。通过 LSTM 基于机器设备指标信息的历史多变量时序数据可以预测出当前时间的机器设备指标信息情况以提取制造企业时空数据的时间特征, 来捕获时序数据的时间依赖性。

将预处理后得到的时空数据输入构建的改进预测模型中进行迭代训练时, 首先将数据按照模型的输入长度分为若干样本组, 然后将样本组数据输入模型中进行训练, 设定损失函数为均方损失函数 MSELoss, 设定优化器为 Adam 优化算法, 利用梯度下降法来让损失函数进行反向传播不断迭代以更新权重, 最终偏置参数会找到损失最低点, 调整模型参数使模型达到最优的效果。

2.4.5　COPOD 异常检测

COPOD 方法是一种基于 Copula 的异常检测方法。Copula 是一种统计概率函数, 可以对多个随机变量间的关联性进行有效建模。具体地, 基于预测结果与真

实结果形成的差值数据集,使用非参数方法计算出与维度相关的左经验累积分布、右经验累积分布和修正偏度系数,计算公式为

$$\hat{L}_d(x) = \frac{1}{n}\sum_{i=1}^{n}\prod(X_i \leqslant x)$$

$$\hat{R}_d(x) = \frac{1}{n}\sum_{i=1}^{n}\prod(-X_i \leqslant -x) \tag{2.7}$$

$$b_i = \frac{1}{n}\sum_{i=1}^{n}(x_i - \overline{x}_i)^3 \Big/ \sqrt{\frac{1}{n-1}\sum_{i=1}^{n}(x_i - \overline{x}_i)^2}$$

式中, X_i 为 i 时刻(某一时刻)经过 max-min 归一化处理的机器设备指标信息; $\hat{L}_d(x)$ 为与 d 维度相关的左经验累积分布; $\hat{R}_d(x)$ 为与 d 维度相关的右经验累积分布; b_i 为修正偏度系数。

根据得出的与维度相关的经验累积分布和修正偏度系数计算每个时刻的三类经验 Copula 函数,分别为左经验 Copula 函数、右经验 Copula 函数和由修正偏度系数决定的经验 Copula 函数,计算公式为

$$\hat{b}_{d,i} = \begin{cases} \hat{l}_{d,i}, & b_d < 0 \\ \hat{r}_{d,i}, & b_d \geqslant 0 \end{cases} \tag{2.8}$$

式中, $\hat{l}_{d,i} = \hat{L}_d(x_i)$ 为左经验 Copula 函数; $\hat{r}_{d,i} = \hat{R}_d(x_i)$ 为右经验 Copula 函数; $\hat{b}_{d,i}$ 为由修正偏度系数决定的经验 Copula 函数,依据为若修正偏度系数小于零则考虑左经验 Copula 函数,反之考虑右经验 Copula 函数。

根据三类经验 Copula 函数计算出 i 时刻(某一时刻)经过 max-min 归一化处理的机器设备指标信息的异常分数值,其值越大,代表对应机器设备出现故障的概率越大,计算公式为

$$p_l = -\sum_{j=1}^{d}\log(\hat{l}_{j,i})$$

$$p_r = -\sum_{j=1}^{d}\log(\hat{r}_{j,i}) \tag{2.9}$$

$$p_b = -\sum_{j=1}^{d}\log(\hat{b}_{j,i})$$

$$O(x_i) = \max(p_l, p_r, p_b)$$

式中，p_l 为左尾端概率；p_r 为右尾端概率；p_b 为修正偏度系数尾端概率；$O(x_i)$ 为上述三者中的最大值，代表 i 时刻(某一时刻)的异常分数值。

COPOD 方法可以直接通过维度特征异常图来量化每个维度的异常贡献并找到造成异常最多的维度进行深入分析，可辅助制造企业及时发现故障的时间点及原因，并反馈给维修部门，告知维修人员提前进行调整或维护，做到提前故障预知，现场及时处理，达到防患于未然的目的，提高维修部门的工作效率。

第3章 面向全系统优化设计的设计资源大数据模型

在制造企业的数据空间内，制造大数据体系结构为企业的智能化生产提供了坚实的基础。然而，单靠数据的收集与存储并不足以全面提升制造水平。因此，下一步是将目光转向全系统优化设计，通过设计资源大数据模型来实现更高效、更精准的产品开发与设计。本章将重点探讨面向全系统优化设计的设计资源大数据模型，具体包括面向全系统优化设计的设计资源大数据建模方法、基于潜变量的制造大数据回归建模方法、基于 k 最近邻(k-nearest neighbor, KNN)算法与逻辑回归(logistic regression, LR)算法的制造大数据建模及其在产品设计领域的应用，以及工业大数据在车间调度方案设计中的应用[36-39]。

3.1 面向全系统优化设计的设计资源大数据建模方法

3.1.1 设计资源大数据建模方法

面向全系统优化设计的设计资源大数据建模方法的意义在于，它能够克服现有技术的不足，实现设计资源大数据关系的高度有序化展示，并配合全流程制造过程、全贯通管理流程、全周期产品服务的业务模型一起实现制造大数据全体系全价值链建模，解决传统关系型数据库模型无法对制造业大数据进行合理有效建模的问题，其原理流程如图 3.1 所示。

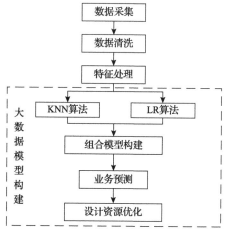

图 3.1 面向全系统优化设计的设计资源大数据建模方法原理流程

3.1.2　设计资源大数据采集

数据采集的内容是采集多源异构的设计资源大数据，并将其转化为统一格式的结构化数据源，具体流程如下。

(1)识别与制造企业设计资源主体有关的数据源及其存储位置。

(2)针对关系型数据库，采用 Sqoop 技术建立关系型数据库与 Hadoop 分布式文件系统(Hadoop distributed file system, HDFS)之间的数据连接，将关系型数据库中的数据导入 HDFS 中。

(3)针对文件格式的数据，采用 Map-Reduce 编程方法解析数据文件并将其上传到 HDFS 中。

(4)基于关系型模型在 Hive 中集成前面获取的所有主体数据。

(5)建立结构化主体数据集。

3.1.3　设计资源大数据清洗

对采集后的数据进行清洗处理，去除不符合要求的数据，设计资源大数据清洗流程如图 3.2 所示。

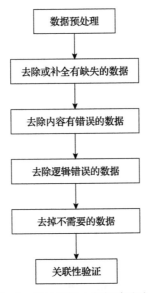

图 3.2　设计资源大数据清洗流程

数据清洗具体步骤如下。

(1)数据预处理。查看元数据，包括字段解释、数据来源、代码表等描述数据的信息，对数据本身有一个直观的了解，并且初步发现一些问题，为之后的步骤做准备。

(2)去除或补全有缺失的数据。确定每个数据字段的缺失范围,对缺失关键数据字段的数据直接舍弃,对缺失非关键数据字段的数据进行填充完善,方法包括以业务知识或经验推测填充缺失值、以同一指标的计算结果(均值、中位数、众数等)填充缺失值、以不同指标的计算结果填充缺失值。

(3)去除内容有错误的数据,保证数据的正确性。

(4)去除逻辑错误的数据。根据业务规则将逻辑错误的数据舍弃,保证数据逻辑正确。

(5)去掉不需要的数据。去除与业务规则无关的数据,保证数据的相关性。

(6)进行数据关联性验证。对于有多个来源的数据,有必要进行关联性验证,如果不关联,需要将这个数据进行清洗操作。

3.1.4　设计资源大数据特征处理

对数据清洗后符合要求的数据进行特征处理,其具体步骤如下。

1. 类不平衡问题的解决

当数据存在严重的类不平衡问题时,预测的结果往往会偏向数量占多的类,这对模型的准确度造成影响。常见的处理类不平衡问题的方法有随机欠采样法,通过随机去掉一些多数类样本来减小多数类的规模,但这样可能会丢失重要数据,且采样后的数据不能代表全部数据,导致分类结果不精确。还有随机过采样法,通过随机复制少数类样本来提高少数类的规模,虽然该方法不会造成信息缺失,表现也优于欠采样法,但是会加大过拟合的可能性。

在不丢失重要数据且缓解过拟合的情况下,考虑采用信息过采样技术(synthetic minority oversampling technique, SMOTE)来解决类不平衡问题,同时避免后续KNN 算法和 LR 算法存在的因样本不均衡而造成的预测准确率低的问题,SMOTE 的应用流程如下。

(1)对于少数类中的每一个样本 $x_i \in \mathbf{R}^D$,利用欧氏距离公式

$$d = \sqrt{\sum_{m=1}^{D}(x_{i,m} - x_{j,m})^2} \qquad (3.1)$$

求得样本 x_i 到其他少数类样本 x_j 的欧氏距离 d,其中每个样本含有 D 个特征。

(2)将多数类样本数记为 p,将少数类样本数记为 q,令

$$k = \frac{p-q}{q} \qquad (3.2)$$

取每一个样本 x_i 中欧氏距离 d 最小的 k 个其他样本，作为样本 x_i 的近邻 $x_j(j=1,2,\cdots,k)$。

(3)对于每个近邻 x_j，利用随机线性插值的方法，在 x_i 和 x_j 中产生新样例 x_{ni}：

$$x_{ni} = x_i + \varepsilon\,|\,x_i - x_j\,| \tag{3.3}$$

式中，ε 为 0~1 的随机值。

(4)重复第(3)步，直到少数类样本数和多数类样本数相等或差值不大时。

2. 方差选择法特征选择

先计算各个特征的方差值，优先消除方差值为零的特征，然后根据预设的阈值，选择方差值大于阈值的特征。

3. 特征矩阵降维

当特征选择完成后，特征矩阵可能会过大，导致计算量大、模型训练时间长的问题，通过主成分分析(principal component analysis, PCA)算法对特征选择后的特征矩阵维度进行降维处理，其流程如下。

(1)对特征进行归一化处理，利用线性函数转换：

$$y = \frac{x - \text{minValue}}{\text{maxValue} - \text{minValue}} \tag{3.4}$$

式中，x、y 分别为转换前、转换后的样本值；maxValue、minValue 分别为样本的最大值和最小值。

(2)先计算每一列特征的平均值，然后每一维度都需要减去该列的特征平均值。

(3)计算样本特征的协方差矩阵。

(4)计算协方差矩阵的特征值和特征向量。

(5)对计算得到的特征值进行从大到小的排序。

(6)取出前 K 个特征向量和特征值，将初始的样本矩阵乘上 K 个特征向量组成的矩阵，就得到了降维后的特征矩阵；K 值的计算参考公式为

$$\frac{\sum\limits_{i=1}^{K} \lambda_i}{\sum\limits_{i=1}^{m} \lambda_i} \geqslant 0.95 \tag{3.5}$$

找到满足式(3.5)的最小 K 值，其中，λ_i 为协方差矩阵的特征值；m 为特征值数量。

3.1.5　设计资源大数据模型构建

为了避免由单个算法构建的模型可能存在无法准确预测分类结果的情况，采用基于 KNN-LR 的组合模型对待分类的样本进行分类预测，以此来判断制造企业中某新产品的设计能否在规定周期内完成，并根据预测的结果对设计、制造、产品、用户在内的主体数据进行优化，其具体步骤如下。

1) 确定训练集与测试集数据

为了确定 KNN 模型与 LR 模型及 KNN-LR 组合模型的分类结果是否准确，选择交叉验证的方法，将经特征处理后的数据分成三等份，分别记为 A、B、C；然后再将 A、B、C 按交叉的方式分成三组，第一组为"训练集 A、B，测试集 C"，第二组为"训练集 B、C，测试集 A"，第三组为"训练集 A、C，测试集 B"。

2) KNN 模型的训练与测试

利用第一组训练集数据训练完 KNN 模型后，再用同组测试集数据测试 KNN 模型，之后用第二、三组数据重复上述操作，求出 KNN 模型三次的平均第 Ⅰ 类分类错误率(将多数类误分成少数类的概率) ω_1，具体步骤如下：

(1) 计算第一组测试集数据 x 与第一组训练集数据 y 之间的欧氏距离 d；

(2) 选择 d 最小的 k 个点，k 的取值需小于训练集样本数的平方根，且为奇数；

(3) 确定 k 个点在"设计能在规定周期内完成"和"设计不能在规定周期内完成"两个类别中出现的频率，并将频率最高的类别作为待分类数据的预测类别；

(4) 根据分类结果，求出第一组数据对应 KNN 模型的第 Ⅰ 类分类错误率 ω_{11}；

(5) 重复步骤(1)~(4)两次，求出其余两组数据对应 KNN 模型的第 Ⅰ 类分类错误率 ω_{12}、ω_{13}，最后求 $\omega_1=(\omega_{11}+\omega_{12}+\omega_{13})/3$ 作为 KNN 模型的平均第 Ⅰ 类分类错误率。

3) LR 模型的训练与测试

利用第一组训练集数据训练完 LR 模型后，再用同组测试集数据测试 LR 模型，接着用第二、三组数据重复上述操作，求出 LR 模型三次的平均第 Ⅰ 类分类错误率 ω_2，其步骤如下。

(1) 确定预测函数。

基于 sigmoid 函数

$$g(z) = \frac{1}{1+e^{-z}} \tag{3.6}$$

将权重向量设为 $\theta=(\theta_0,\theta_1,\cdots,\theta_n)^{\mathrm{T}}$，将第一组训练集数据作为输入向量 $x=(1,x_1,\cdots,x_n)^{\mathrm{T}}$；设 $z=\theta^{\mathrm{T}}x$，得 LR 模型的预测函数：

$$h_\theta(x) = \frac{1}{1 + e^{-\theta^T x}} \tag{3.7}$$

将是否在规定周期内完成产品设计记为 y，按时完成时 y 记为 1，未按时完成时 y 记为 0；其中，$h_\theta(x)$ 表示在输入向量为 x、权重向量为 θ 的情况下 $y=1$ 的概率。

(2) 确定权重向量 θ。

对于给定的数据集，可以采用极大似然估计法来估计权重向量 θ。似然函数为

$$L(\theta) = \prod_{i=1}^{m} P(y_i \mid x_i; \theta) = \prod_{i=1}^{m} (h_\theta(x_i))^{y_i} (1 - h_\theta(x_i))^{1-y_i} \tag{3.8}$$

其对数似然函数为

$$l(\theta) = \ln L(\theta) = \sum_{i=1}^{m} \left[y_i \ln h_\theta(x_i) + (1 - y_i) \ln(1 - h_\theta(x_i)) \right] \tag{3.9}$$

引入

$$J(\theta) = -\frac{1}{m} l(\theta) + \frac{\zeta}{2m} \sum_{j=1}^{n} \theta_j^2 \tag{3.10}$$

进而转化为梯度下降任务求其极小值，后半部分为加入的正则化项，目的是解决模型的过拟合问题。

式 (3.10) 中，ζ 为惩罚项力度值，选择一组不同值的惩罚项力度 ζ，如[0.01, 0.1, 1, 10, 100]，对每个值进行循环，获取每个值在交叉验证 5 次后的 5 个召回率，从而获得每个惩罚项力度值所对应的召回率，然后选择值最高的召回率所对应的 ζ 作为惩罚项力度值。

针对 θ 值的求解，先求出 $J(\theta)$ 对 θ 的偏导数，然后给定某个 θ 值，让其不断减去偏导数乘以步长 α，然后算出新的 θ，直到 θ 的值变化到使 $J(\theta)$ 在两次迭代间的差值足够小，即两次迭代计算出的 $J(\theta)$ 值基本不再变化，说明此时 $J(\theta)$ 已达到局部最小值；然后算出每个 θ 值，代入 LR 模型中，最终得到预测函数。

$J(\theta)$ 对 θ 的偏导数为

$$\frac{\partial J(\theta)}{\partial \theta_j} = \frac{1}{m} \sum_{i=1}^{m} (h_\theta(x_i) - y_i) x_j + \frac{\zeta}{m} \theta_j \tag{3.11}$$

正则化后 θ_j 的迭代式为

$$\theta_{j+1} = \theta_j - \alpha \frac{\partial J(\theta)}{\partial \theta_j} = \theta_j - \alpha \left[\frac{1}{m} \sum_{i=1}^{m} (h_\theta(x_i) - y_i)x_j + \frac{\zeta}{m}\theta_j \right] \tag{3.12}$$

(3)将第一组测试集数据输入由第一组训练集数据训练后的 LR 模型预测函数 $h_\theta(x)$ 中，并根据所得概率值大小对测试集数据进行 ω_2 分类。

(4)根据分类结果，求出第一组数据对应 LR 模型的第 I 类分类错误率 ω_{21}。

(5)重复步骤(1)～(4)两次，求出其余两组数据对应 LR 模型的第 I 类分类错误率 ω_{22}、ω_{23}，最后求 $\omega_2 = (\omega_{21} + \omega_{22} + \omega_{23})/3$ 作为 LR 模型的平均第 I 类分类错误率。

4)组合模型的构建

基于拉格朗日损失函数构建 KNN-LR 组合模型，其具体步骤如下。

(1)用 P_i 表示组合模型对第 i 个样本的预测概率值，有

$$P_i = \alpha_1 P_{ki} + \alpha_2 P_{1i} \tag{3.13}$$

式中，P_{ki}、P_{1i} 分别为 KNN 模型、LR 模型对第 i 个样本的预测概率值；α_1、α_2 分别为 KNN 模型、LR 模型的预测概率值所占的权重，且 $\alpha_1 + \alpha_2 = 1$。

(2)构造拉格朗日损失函数：

$$L(\alpha_1, \alpha_2, \lambda) = \sum_{i=1}^{n} \left[(P_i - P_{ki})^2 + (P_i - P_{1i})^2 + (\omega_1\alpha_1 + \omega_2\alpha_2)^2 \right] \\ + \lambda(\alpha_1 + \alpha_2 - 1) \tag{3.14}$$

式中，ω_1、ω_2 为步骤 2)和步骤 3)中所求得的子模型第 I 类分类错误率，将其视为子模型的惩罚参数；λ 为拉格朗日算子。

(3)求 α_1、α_2 的最优值。

$L(\alpha_1, \alpha_2, \lambda)$ 为凸函数，存在极小值，因此极小值点 (α_1^*, α_2^*) 便是 α_1、α_2 的最优值；求 $L(\alpha_1, \alpha_2, \lambda)$ 对各参数的偏导并令偏导值为零，可得 α_1、α_2：

$$\begin{cases} \dfrac{\partial L}{\partial \alpha_1} = 0 \\[2mm] \dfrac{\partial L}{\partial \alpha_2} = 0 \\[2mm] \dfrac{\partial L}{\partial \lambda} = 0 \end{cases} \tag{3.15}$$

5)预测过程

利用 KNN-LR 组合模型对制造企业中某新产品的设计能否在规定的周期内完

成进行预测。

将待分类样本的数据分别输入 KNN 模型和 LR 模型中，得到各自的预测概率值 P_k 和 P_l，再利用公式 $P = \alpha_1 P_k + \alpha_2 P_l$ 求得组合模型的预测值，根据该值大小判断新产品的设计能否在规定的周期内完成。

6) 优化过程

根据预测的结果，对设计、制造、产品、用户在内的主体数据进行优化。

当预判结果为新产品的设计能在规定的周期内完成时，可对 LR 模型中权重 θ 较小的主体数据进行适当降级。例如，当"设计人员资历"的权重 θ 较小时，可将参与设计的人员由高级工程师换为初、中级工程师，以此来节省人力成本。

当预判结果为新产品的设计不能在规定的周期内完成时，可对 LR 模型中权重 θ 较大的主体数据进行适当升级。例如，当"加工设备质量"权重 θ 较大时，可选用质量更好的加工设备对产品进行加工。

3.2　基于潜变量的制造大数据回归建模方法

3.2.1　大数据回归建模问题描述

制造业是国民经济的支柱行业之一，是实现现代化的保障和综合国力的体现。随着经济与科技日益发展，现代制造业所产生的数据量呈指数型增长，大数据的潜能和价值逐渐被社会所认可和接受，大数据与制造业相结合，将推动制造业设计、管理、制造、服务模式的全面改革。但这类制造数据通常具有多源、异构、复杂等特点，这也是制造企业在进行大数据建模时所需要面临的主要问题之一。

制造企业现有的大数据模型只是面向单一业务，没有考虑业务之间的相关性，忽略了设计、管理、服务等业务对制造过程所产生的影响，没有建立起制造业务与其他业务的关联关系，使得制造企业各业务之间的数据没有得到充分的利用，导致不能对全流程的制造过程进行严格管控与合理规划。

本节克服了现有技术的不足，提供了一种面向制造大数据的回归建模方法，通过建立业务域间的潜结构模型，挖掘出不同业务域数据之间的影响关系，将多个业务域的不同类别数据联通起来，能够使得设计业务等单一业务的数据建模效果更好，帮助业务提质增效。

为实现上述目的，本节介绍一种基于潜变量的制造大数据回归建模方法，其原理流程如图 3.3 所示。

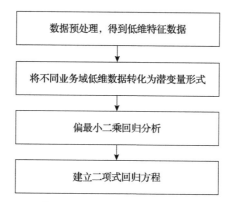

图 3.3   基于潜变量的制造大数据回归建模方法原理流程

3.2.2   制造大数据预处理

通过数据预处理，对不同业务域高维数据进行降维去噪，得到适合建模的低维特征。此步骤采用主成分分析法建立一种从高维空间投影到低维空间的线性映射，目的是得到投影矩阵 W。数据预处理原理流程如图 3.4 所示。

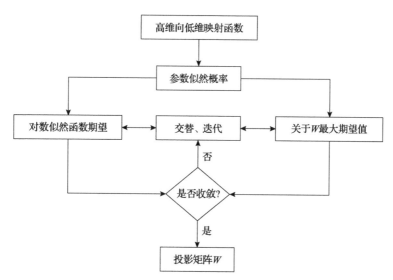

图 3.4   基于潜变量的制造大数据预处理原理流程

数据预处理的具体步骤如下。

1) 解决高维数据向低维数据映射问题

用 $Y = [y_1, y_2, \cdots, y_i, \cdots, y_n]$ 表示需要降维的高维数据，$X = [x_1, x_2, \cdots, x_i, \cdots, x_n]$ 表示降维后的低维数据，此处 n 为样本个数；并假设 D 维数据噪声 $\eta_i \in \mathbf{R}^D$ 服从

独立高斯分布：$\eta_i \sim N(0, \beta^{-1}I)$，其中 β^{-1} 为噪声方差，I 为单位矩阵，将高维空间到低维空间的映射表示为

$$y_i = Wx_i + \eta_i \tag{3.16}$$

映射由投影矩阵 W 确定，则高维空间数据的似然概率为

$$p(y_i \mid x_i, W, \beta) \sim N(Wx_i, \beta^{-1}I) \tag{3.17}$$

假设低维空间中的数据点是独立同分布的，有

$$p(x_i) \sim N(0, I) \tag{3.18}$$

对低维空间中数据点进行积分，推导出边缘似然概率为

$$
\begin{aligned}
P(y_i \mid W, \beta) &= \int p(y_i \mid x_i, W, \beta^{-1}I)p(x_i)\mathrm{d}x_i \\
&\sim N(0, WW^{\mathrm{T}} + \beta^{-1}I)
\end{aligned}
\tag{3.19}
$$

高维空间数据的联合似然概率为

$$P(Y \mid W, \beta) = \prod_{i=1}^{n} p(y_i \mid W, \beta) \tag{3.20}$$

用最大似然的方法来得到投影矩阵 W；根据求得的投影矩阵 W，通过式 (3.16) 就可得到高维数据 Y 的低维数据表示 X。

2) 求解投影矩阵 W

在求得投影矩阵 W 后，进一步采用最大期望 (expectation maximum, EM) 算法求参数极大似然估计，具体包含以下步骤。

(1) 计算数据的对数似然函数期望，似然函数为

$$P(Y \mid W) = \prod_{i=1}^{n} p(y_i \mid W, \beta) \tag{3.21}$$

记对数似然函数为 $\ln P(Y \mid W)$，则对数似然函数可表示为

$$\ln P(Y \mid W) = \sum_{i=1}^{n} \ln p(y_i \mid W, \beta) \tag{3.22}$$

按式 (3.23) 求 $\ln P(Y|W)$ 的期望值 $E\{\ln P(Y|W)\}$：

$$
\begin{aligned}
E\{\ln P(Y|W)\} = -\sum_{i=1}^{n} \Bigg[& \frac{D}{2}\ln\beta + \frac{1}{2}\operatorname{tr}\left(\langle x_i x_i^{\mathrm{T}}\rangle\right) + \frac{1}{2\beta}(y_i - \mu)^{\mathrm{T}}(y_i - \mu) \\
& - \frac{1}{\beta}\langle x_i\rangle W^{\mathrm{T}}(y_i - \mu) + \frac{1}{2\beta}\operatorname{tr}\left(W^{\mathrm{T}}W\langle x_i x_i^{\mathrm{T}}\rangle\right) \Bigg]
\end{aligned}
\tag{3.23}
$$

式中，$\langle\cdot\rangle$ 表示内积运算；μ 表示高维数据 Y 的均值；D 表示矩阵 W 的维数；$\operatorname{tr}(\cdot)$ 表示矩阵的迹。并且有式 (3.24) 和式 (3.25)：

$$
x_i = M^{-1}W^{\mathrm{T}}(y_i - \mu)
\tag{3.24}
$$

$$
x_i' x_i'^{\mathrm{T}} = \beta M^{-1} + x_i x_i^{\mathrm{T}}
\tag{3.25}
$$

式中，$M = W^{\mathrm{T}}W + \beta I$。

（2）关于投影矩阵 W 最大期望值 $E\{\ln P(Y|W)\}$，即关于 $E\{\ln P(Y|W)\}$ 对 W 求导以得到最优值，记为 $\bar{W}$，有

$$
\bar{W} = \left[\sum_{i=1}^{n}(y_i - \mu)x_i^{\mathrm{T}}\right]\left(\sum_{i=1}^{N}x_i x_i^{\mathrm{T}}\right)^{-1}
\tag{3.26}
$$

（3）交替使用步骤 (1) 和步骤 (2) 直至收敛，用任意相邻两次的迭代得到 $E\{\ln P(Y|W)\}$ 的差值来判断收敛性，有

$$
\left\| E\{\ln P(Y|W)\}_{t+1} - E\{\ln P(Y|W)\}_t \right\| \leqslant \varepsilon
\tag{3.27}
$$

若满足式 (3.27)，则认为 $E\{\ln P(Y|W)\}$ 达到一个极值点，从而得到满足要求的投影矩阵 W。

3.2.3　制造大数据潜变量转化

将不同业务域低维数据转化为潜变量形式，具体过程如下：

（1）各业务域数据低维表示为 $X = [x_1, x_2, \cdots, x_N]^{\mathrm{T}}$，即潜结构模型的数据集，它由两部分组成：用 $X_{n\times m}$ 表示的解释变量空间和用 $Y_{n\times k}$ 表示的反应变量空间，其中 n 表示样本个数，m 和 k 表示变量个数。

（2）潜变量 t_j 和 $u_j (j = 1, 2, \cdots, A)$ 可通过公式 $t_j = X_j w_j$ 和 $u_j = Y_j q_j$ 计算得到，其中 A 是潜变量个数，变量 w_j 和 q_j 为使得潜变量 t_j 和 u_j 的协方差最大，即要使潜变量 t_j 和 u_j 相关程度达到最大时的权重系数，满足式 (3.28) 和式 (3.29)：

$$X_{j+1} = X_j - t_j p_j^{\mathrm{T}}, \quad X_j = X, \quad p_j = \frac{X_j^{\mathrm{T}} t_j}{t_j^{\mathrm{T}} t_j} \tag{3.28}$$

$$Y_{j+1} = Y_j - b_j t_j q_j^{\mathrm{T}}, \quad Y_j = Y, \quad q_j = \frac{Y_j^{\mathrm{T}} t_j}{t_j^{\mathrm{T}} t_j} \tag{3.29}$$

(3) 通过偏最小二乘回归分析，能够得到多个解释变量和多个反应变量的定量关系，即在解释变量空间 $X_{n\times m}$ 和反应变量空间 $Y_{n\times k}$ 分别寻找线性组合 t_j 和 u_j $(j = 1, 2, \cdots, A)$，并使得两个变量空间的协方差最大，具体过程如下。

先在潜变量 t_j 和 u_j 之间建立回归方程：

$$u_j = b_j t_j + e_j \tag{3.30}$$

式中，e_j 为误差向量；b_j 为未知参数，且 b_j 可通过式 (3.31) 进行估计：

$$b_j = (t_j^{\mathrm{T}} t_j)^{-1} t_j^{\mathrm{T}} u_j \tag{3.31}$$

设

$$\hat{u}_j = \hat{b}_j t_j \tag{3.32}$$

为 u_j 的预测值，将矩阵 X 和 Y 分解成式 (3.33) 中的外积形式：

$$X = \sum_{j=1}^{A} t_j p_j^{\mathrm{T}} + E, \quad Y = \sum_{j=1}^{A} \hat{u}_j q_j^{\mathrm{T}} + F \tag{3.33}$$

其中，E 和 F 分别为提取 A 对潜变量后矩阵 X 和 Y 的残差。

之后，每对潜变量 t_j 和 u_j $(j = 1, 2, \cdots, A)$ 在迭代过程中依次被提取，然后计算提取后的残差，并对每一步的残差再继续进行分析，直至根据某种准则确定提取潜变量的对数。针对此步骤，采用预测残差平方和 (prediction error sum of squares, PRESS) 来确定要提取的潜变量对数，即在每一步分别计算去掉 1 个样本点 (用下角标 $-i$ 表示) 后反应变量预测估计值 $\hat{y}$ 和实际观测值 y 的残差平方和：

$$\text{PRESS}_j = \sum_{k=1}^{l} \sum_{i=1}^{n} (y_{ik} - \hat{y}_{k(j)(-i)})^2 \tag{3.34}$$

式中，l 为因变量个数，直至 $PRESS_j - PRESS_{j-1}$ 小于预定精度，迭代过程结束，否则继续提取潜变量，进行迭代计算。

(4) 建立挖掘不同业务域数据间关系的潜结构模型，在潜变量之间建立二次多项式回归方程，得到自变量对因变量的标准回归系数 β，进而得到单一业务预测值。潜结构建模的原理流程如图 3.5 所示。

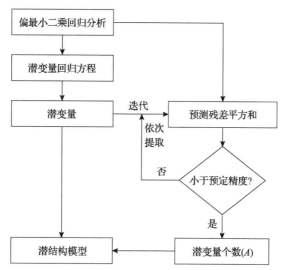

图 3.5　制造大数据回归建模方法中潜结构建模的原理流程

根据偏最小二乘回归分析，利用所得 A 个潜变量来建立二次多项式回归模型：

$$y = \beta_0 + \sum_{i=1}^{m} \beta_i x_i + \sum_{i=1}^{m} \beta_{ii} x_i^2 + \sum_{i<j} \beta_{ij} x_i x_j \tag{3.35}$$

式中，β_0、β_i、β_{ii}、β_{ij} 均为回归系数；$x \in t_j$，$y \in u_j$，t_j 和 u_j 为潜变量。

根据求得的潜变量及其个数，再参考 PRESS 统计量，可得到自变量对因变量的标准回归系数 β。

3.3　基于 KNN-LR 算法的制造大数据建模及其在产品设计领域的应用

3.3.1　产品设计大数据建模问题描述

现代制造系统面临诸多挑战，如与日俱增的复杂性、动态性、高维性和结构混沌性，机器学习技术是克服这些挑战的有效方案。因此，合理有效的机器学习模型可以帮助制造企业将数据转化为有用的信息，以支持企业的决策，并在市场竞争中获得优势。但是，如果不合理地使用机器学习模型，不仅无法达到预期的目的，甚至会被误导做出错误的决定。

在制造业领域，机器学习模型通常被用来预测产品质量、判断设备故障和优化生产过程等。例如，使用支持向量机(support vector machine, SVM)算法，根据在整个制造过程中收集到的耐磨材料的数据来预测产品的质量；使用 PCA 算法来降低系统维度，然后使用 k-means 聚类来挖掘葡萄酒数据库的数据，聚类结果可用于检测葡萄酒酿造过程中的产品质量是否达到标准。C4.5 决策树模型能快速识别毛毯制造过程中故障的原因，使相关人员能够快速准确地解决故障，大大提高了毛毯的生产效率。根据从制造过程中收集的各种有效数据，LR 模型能够预测机械设备故障。概率模型可以成功地用于确定一个复杂的制造过程的最优工艺设置。然而，制造业领域现有的预测模型大多是通过单一算法或其改进型构建的，由于单一预测算法的局限性，预测精度通常并不理想。

目前，由单一算法建立的预测模型主要类别为：一是分析过去历史数据中事物发展的规律，确定事物发展的自变量和因变量及其相互关系，形成一个数学方程来预测未来，主要包括线性回归模型、非线性回归模型和 LR 模型；二是利用少量的不完整信息及其隐藏的变化规律来预测未来事物的发展和变化趋势，主要包括单变量灰色模型、多变量灰度模型等；三是以计算机为辅助工具，使用基于机器学习的算法来预测事物的发展趋势，预测模型主要包括支持向量机模型、模糊逻辑系统(fuzzy logic system, FLS)模型、卡尔曼滤波器模型、随机森林(random forest, RF)模型等。此外，还有深度神经网络、递归神经网络和卷积神经网络等深度学习模型。

因为由单个算法建立的预测模型可能会导致预测精度不理想，且不同的算法适用的场景不同，考虑采用由多种算法构建的组合模型。组合预测的研究结果引起了预测领域学者的关注。在理想条件下，组合预测的预测精度要优于多个个体预测中的最佳者，至少也不会比多个个体预测的平均值差。关于组合预测方法的主要结论是，通过将多个个体预测相结合，可以有效提高预测精度。因此，本节介绍使用组合模型来预测"产品的设计任务能否在规定的时间内完成"的分类事件。

机器学习算法应用于制造业的情景很多，如产品质量判断、生产优化等，但很少涉及产品设计。将机器学习算法应用于设计领域预测企业的设计任务能否在规定的时间内完成具有重要实用价值。此外，选择 KNN 算法和 LR 算法作为两种子算法建立 KNN-LR 组合模型，结合多个算法的优点并提高了预测精度，拓展了应用范围。本节将"产品的设计任务不能在规定的时间内完成"事件归为"1"类，将"产品的设计任务能在规定的时间内完成"事件归为"0"类。

3.3.2　KNN-LR 组合模型

由单一算法建立的模型不能充分利用样本信息，可能导致预测精度较差，而由多种算法建立的组合模型可以综合各算法的优点，有效改善这一问题。

组合模型的集成形式主要包括串联集成、并联集成和混合集成，如图 3.6 所示。在串联集成中，子算法以一个序列串联连接，其中前一个算法的输出是下一个算法的输入；并联集成是将子算法并行放置，然后对每个子算法的输出进行集成；在混合集成中，子算法的串联和并联是同时存在的。

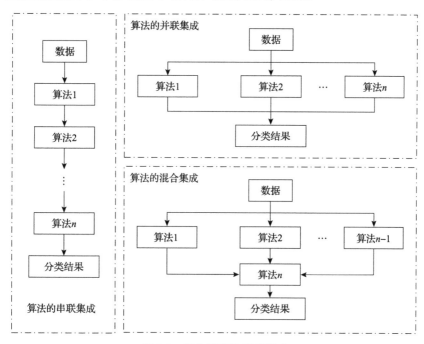

图 3.6　组合模型的集成形式

假设 n 个子算法的分类能力都为 r，则 n 个子算法在经过串联集成、并联集成和混合集成后的分类能力分别为 r^n、$1-(1-r)^n$、$[r^n, 1-(1-r)^n]$ 的区间。显然，子算法在经过并联集成后的分类能力最好。

使用并联集成的方式将 KNN 算法与 LR 算法相结合(KNN 和 LR 的具体知识见附录 A.1 与附录 A.2，组合模型构建见 3.1.5 节)，构建 KNN-LR 组合模型的过程如图 3.7 所示。

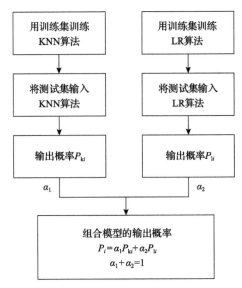

图 3.7　KNN-LR 组合模型的构建过程

3.3.3　产品设计领域模型验证

与由单一算法建立的模型相比，组合模型在分类预测方面的表现更好。为了验证这一想法，本节进行了以下实验。

1. 实验数据

在清理完产品的设计数据后，保留 15 个可能会影响产品设计任务的输入变量，包括参与设计任务的高级工程师数量、参与设计任务的初级工程师数量、产品设计预留时间、代加工厂编号、原料供应商编号等。

此次实验，以 7:3 的比例将数据集分成训练集和测试集。训练集和测试集中的样本类别如表 3.1 所示。

表 3.1　数据集样本类别

数据集	类别"1"	类别"0"	总计
训练集	215	242	457
测试集	81	115	196

2. 实验结果

不同的 K 值会影响 KNN 算法的准确率，进而影响组合模型的预测效果。为了求出 KNN 算法在目标数据集上的最佳 K 值，对 KNN 算法在不同 K 值下的准确率进行了测试，结果如图 3.8 所示。

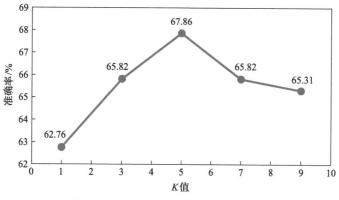

图 3.8　不同 K 值下 KNN 算法的准确率

从图 3.8 中可以看出，当 $K=5$ 时，KNN 算法的准确率最大值为 67.86%，说明 5 为 K 的最优值。

在计算式 (3.14) 的最小值后，得到最佳权重 $\alpha_1^* = 0.365$ 和 $\alpha_2^* = 0.635$，则组合模型将第 i 个样本分类为类别"1"的概率为

$$P_i = 0.365P_{ki} + 0.635P_{1i} \tag{3.36}$$

表 3.2 显示了训练不同模型所需的时间。可以看出，训练由 LR 算法建立的模型花费的时间最短，其次是由 KNN 算法建立的模型，而训练组合算法花费的时间最长。

表 3.2　数据集样本类别

模型	训练时间/s
LR	0.8594
KNN	1.4219
KNN-LR	6.5938

将测试集分别输入 KNN 算法和 LR 算法中，得到每个样本被 KNN 算法和 LR 算法归类为类别"1"的概率 P_{ki} 和 P_{1i}，再使用式 (3.36) 计算每个样本被组合模型归类为类别"1"的概率 P_i。规定当概率大于 0.5 时，样本将由相应的模型归类为类别"1"，否则将归类为类别"0"，然后可以得到每个模型分类结果的混淆矩阵，如表 3.3～表 3.5 所示。

表 3.3　KNN 模型混淆矩阵

类别	预测类别："1"	预测类别："0"
实际类别："1"	52	29
实际类别："0"	34	81

表 3.4　LR 模型混淆矩阵

类别	预测类别："1"	预测类别："0"
实际类别："1"	56	25
实际类别："0"	13	102

表 3.5　KNN-LR 组合模型混淆矩阵

类别	预测类别："1"	预测类别："0"
实际类别："1"	60	21
实际类别："0"	12	103

以准确率、精确度、F1 值、召回率和分类错误率为指标，对 KNN 模型、LR 模型和 KNN-LR 组合模型在测试集上的表现进行评估，结果如图 3.9 所示。

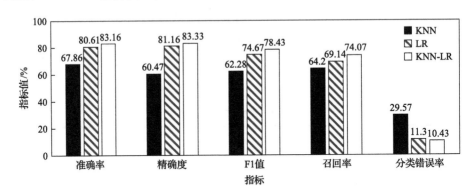

图 3.9　模型评估结果

3. 实验分析

图 3.9 表明，由 KNN 算法建立的模型性能最差，组合模型性能最好。组合模型的准确率、精确度、F1 值、召回率四个指标值要比由 LR 算法建立的模型分别高出 2.55 个、2.17 个、3.76 个、4.93 个百分点，在分类错误率上则要低 0.87 个百

分点。通过对实验结果的综合分析，所构建的 KNN-LR 组合模型是合理且有效的，并可用于目标业务。

虽然 KNN-LR 组合模型在预测方面表现良好，但由于组合模型是以预测误差的平方和为目标函数进行优化的，存在以下问题有待改进。

(1)最优权重的问题。本节在求解组合模型的最优权重系数 α_1 和 α_2 时，α_1 和 α_2 可能为负值，然而负权重系数是否被接受在学术界仍存在争议。虽然非最优正权重组合预测方法可以解决这一问题，但通过该方法得到的模型是一个次优模型，而不是一个最优模型。

(2)时变权重的问题。本节的 α_1 和 α_2 属于恒常权重。然而，单一预测算法在不同的时间对同一目标的预测精度通常是不同的，所以采用时变预测权重系数比采用恒常权重系数更科学。

(3)计算复杂度的问题。由表 3.2 可以看出，训练组合模型的时间远高于训练单一模型的时间，虽然这个缺点随着计算机的发展可能变得微不足道，但在某些情况下，时间损失不容忽视。

3.4　工业大数据在车间调度方案设计中的应用

3.4.1　多目标灵活作业车间调度问题模型

灵活作业车间调度问题(flexible job shop scheduling problem, FJSP)由工序排序(operation sequencing, OS)和机器选择(machine selection, MS)两个子问题构成，OS 是确定每台机器上所有工序的加工顺序，而 MS 是每道工序从其可选机器集合中选出一台机器。一个 $n \times m$ 的 FJSP 可以描述为有 n 个待加工的工件可以在 m 台机器上进行加工，用 $J = \{J_1, J_2, \cdots, J_n\}$ 表示工件集合，$M = \{M_1, M_2, \cdots, M_m\}$ 表示机器集合，第 i 个工件 J_i 包含 $O_i(i = 1, 2, \cdots, n)$ 道工序且加工顺序是已经确定了的，O_{ij} 表示第 i 个工件的第 j 道工序，对任意 O_{ij}，它可在 M 中的若干台机器上进行加工，用 $\bar{M}_{ij}$ 表示工序 O_{ij} 的可选机器集合，则 $\bar{M}_{ij} \subseteq M$。因为每台机器的性能参数都是不同的，所以不同工序对应的加工时间、机器能耗等生产指标会因为 MS 方案的不同而有所差异，因此求解多目标灵活作业车间调度问题(multi-objective flexible job shop scheduling problem, MOFJSP)的关键就是如何将所有工件的每道工序合理地安排到特定的机器上进行加工，使得完工时间、机器能耗等目标最小化。

根据实际需求，选择了 3 个贴近车间生产的指标来构建模型，即

$$f_1 = \sum_{i=1}^{n} W_i, \quad W_i = \begin{cases} \dfrac{1}{p_i}(D_i - C_i), & C_i \leqslant D_i \\ p_i(C_i - D_i), & C_i > D_i \end{cases}$$

$$f_2 = \max(C_i \mid i = 1, 2, \cdots, n) \qquad (3.37)$$

$$f_3 = \sum_{k=1}^{m} \sum_{i=1}^{n} \sum_{j=1}^{O_i} t_{ijk} C_{P_k} x_{ijk}$$

式中，f_1 为总加权提前和延期时间，是衡量每个工件的实际完工时间与其预期完工时间的差值所造成影响的一个重要指标；f_2 为最大完工时间，是第一个工件开始加工到最后一个工件加工完成所需要的时间；f_3 为机器总能耗，是所有的工序在对应的机器上进行加工所产生的能源消耗的总和。

本节 MOFJSP 模型中的参数定义见表 3.6。

表 3.6　参数定义

参数	含义
J	工件集合
M	机器集合
n	工件总数
m	机器总数
n_i	工件 i 的工序总数
O_{ij}	工件 i 的第 j 道工序
$\bar{M}_{ij}$	工序 O_{ij} 的可选机器集合
C_i	工件 J_i 的实际完工时间
D_i	工件 J_i 的预期完工时间
p_i	工件 J_i 按期完工的重要程度
t_{ijk}^{S}	工序 O_{ij} 在机器 M_k 上的开工时间
t_{ijk}	工序 O_{ij} 在机器 M_k 上的加工时间
t_{ijk}^{F}	工序 O_{ij} 在机器 M_k 上的完工时间
C_{P_k}	机器 M_k 的功率
x_{ijk}	工序 O_{ij} 是否在机器 M_k 上加工，是则值为 1，否则值为 0

在加工过程中，MOFJSP 还应满足如下约束。

（1）一道工序一旦开始加工就不能终止，直到被加工完：

$$t_{ijk}^{S} + t_{ijk} = t_{ijk}^{F}$$

（2）任意时刻一道工序只能在一台可选机器上加工：

$$\sum_{k=1}^{m} x_{ijk} \leqslant 1$$

（3）任意时刻一台机器最多加工一个工件：

$$\sum_{j=1}^{n_i} x_{ijk} \leqslant 1$$

（4）同一工件两道相邻的工序，只有前一道工序完工后，后一道工序才可以开工：

$$t_{ijk}^{S} \leqslant t_{i(j-1)k}^{F}$$

（5）不同工件之间没有先后约束，具有相同的加工优先级。

（6）所有机器在零时刻都可用。

最终，对于 MOFJSP，即帕累托优化问题，设方案 X 其最优值 X^{*}，使得 $f_1(X^{*})$、$f_2(X^{*})$、$f_3(X^{*})$ 最小，且

$$t_{ijk} = t_{ijk}^{F} - t_{ijk}^{S}$$

$$\sum_{k=1}^{m} x_{ijk} \leqslant 1$$

$$\sum_{j=1}^{n_i} x_{ijk} \leqslant 1$$

3.4.2　Ⅱ型非支配排序遗传算法

本节用Ⅱ型非支配排序遗传算法（non-dominated sorting genetic algorithm Ⅱ，NSGA-Ⅱ）求解 MOFJSP。

1. 编码和解码

1）编码

本节使用双层编码策略对 MOFJSP 的 OS 和 MS 两部分进行编码，编码后的

染色体代表一种调度方案。OS 层的数字表示工件号，在 OS 层中第 j 次出现的数字 i 代表工序 O_{ij}；MS 层的数字表示机器编号，数字 k 表示 OS 层中相同位置工序 O_{ij} 的可选机器集合 $\bar{M}_{ij}$ 中的机器 M_k；OS 层和 MS 层的长度相等，都为工序的总数量。

为了方便理解编码过程，以一个 3×3 的 MOFJSP 为例进行分析，工件 1、工件 2 和工件 3 都有 3 道工序，各工件的每道工序可从机器 1、机器 2 和机器 3 中的若干台中挑选一台进行加工。基于 OS、MS 的双层编码的结果如图 3.10 所示。

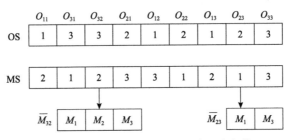

图 3.10　基于 OS、MS 的双层编码染色体

2）解码

解码采用贪婪式解码算法。首先将染色体中 OS 层中的编码元素按照顺序进行解码得到工序序列，然后将每道工序安排到 MS 层中对应的机器上同时尽可能早地进行加工，直到工序序列中的所有序列都被安排在最佳、可行的地方。

2. 种群初始化

在 NSGA-Ⅱ中，种群初始化会影响解的质量和收敛速度，学者通常使用随机生成的种群初始化的方法。本节为了保证种群多样性，采用随机生成和启发式生成相结合的混合生成方法来初始化种群。随机生成是指随机生成工序序列 OS，并从每道工序的可选机器集中随机选择一台机器存入 MS 中；启发式生成是指随机生成工序序列 OS，并从每道工序的可选机器集中选择一台特定的机器存入 MS 中，要求这台机器加工对应工序所花的时间是最少的。本节初始种群中 50% 的个体采用随机生成的方式产生，另外 50% 则采用启发式生成的方式产生。

3. 自适应动态交叉概率和自适应动态变异概率

进化过程中的交叉概率和变异概率对种群多样性和算法收敛性有重要影响。随着迭代次数的增加，种群中个体之间的相似度可能会越发接近，从而陷入局部最优。为了增强种群的多样性和避免陷入局部最优情况，在迭代过程中采用自适应动态交叉概率和自适应动态变异概率，其基本思想是让种群中不同个体的交叉概率和变异概率随着迭代次数的变化而变化，随着迭代次数的增多，交叉概率逐渐增大，变异概率逐渐减小。

为了平衡算法的全局优化和局部优化，自适应动态交叉概率采用非线性递增函数，使得算法能够快速跳出局部最优解然后进入全局优化过程，函数表达式为

$$P_c(t) = \min P_c + \frac{(\max P_c - \min P_c)\left(1 + \cos\left(\pi\frac{t}{T}\right)\right)}{2}$$

式中，$P_c(t)$ 为自适应动态交叉概率，范围设置为 $(0.5, 0.8)$；t 为当前迭代次数；T 为总迭代次数。

自适应动态变异概率采用非线性递减函数，在高变异概率条件下获得面向全局优化的变异个体，在低变异概率情况下达到快速收敛的效果，函数表达式为

$$P_m(t) = \min P_m + \frac{(\max P_m - \min P_m)\left(1 + \sin\left(\pi\frac{t}{T} - \frac{\pi}{2}\right)\right)}{2}$$

式中，$P_m(t)$ 为自适应动态变异概率，范围设置为 $(0.01, 0.1)$；t 为当前迭代次数；T 为总迭代次数。

4. 交叉算子和变异算子

1）交叉算子

交叉算子的作用是通过交换当前种群个体间的信息来获得更好的染色体。传统的随机交叉方法容易产生无效解，因此本节采用改进优先工序交叉（improved precedence operation crossover, IPOX）算子。该算子对染色体中的 OS 层基因和 MS 层基因进行相互独立的交叉操作，OS 层基因交叉时不改变每道工序对应的设备，MS 层基因交叉时不改变各道工序的前后顺序。OS 层基因交叉的具体过程如图 3.11 所示，首先，将所有工件随机分为两组非空子集 $J1(J1 = \{J_1, J_3\})$ 和 $J2(J2 = \{J_2\})$；然后，将父代 PF1 中 $J1$ 里的所有工件按照相同的位置复制到子代 PC1 中，将父代 PF2 中 $J2$ 里的所有工件按照相同的位置复制到子代 PC2 中；最后，将 PF1 中 $J2$ 里的所有工件按照相同的顺序复制到 PC2 中，将 PF2 中 $J1$ 里的所有工件按照相同的顺序复制到 PC1 中。

因为编码方式是基于 OS 层与 MS 层的双层编码，所以在 OS 层进行交叉后，当前父代的 MS 层也要进行与 OS 层相同的交叉操作，具体过程如图 3.12 所示。

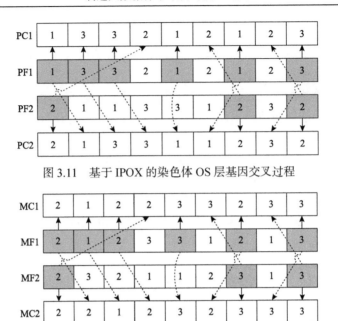

图 3.11　基于 IPOX 的染色体 OS 层基因交叉过程

图 3.12　基于 IPOX 的染色体 MS 层基因交叉过程

2) 变异算子

变异操作可以随机改变染色体的 OS 层基因和 MS 层基因,从而产生新的染色体,增加种群的多样性,防止算法早熟。与交叉操作类似,变异操作也分为 OS 层变异和 MS 层变异两个相互独立的过程。OS 层变异在 OS 层上随机选择两道工序并交换它们的顺序,之后要验证和修复变异过程中产生的非法基因(根据父代 OS 层各工序的顺序及其对应的机器,重新调整子代 MS 层的机器顺序,使得变异前后各工序所对应的机器不发生变化)。OS 层变异过程如图 3.13 所示。MS 层变异随机选择 OS 层中的一道工序,将其在 MS 层中对应的机器随机替换为其可选机器集中的其他机器。MS 层变异过程如图 3.14 所示。

5. 动态更新的拥挤度算子

在 NSGA-Ⅱ 中,处于同一非支配层中的个体能否被保留的关键就在于它们的拥挤度大小,位于密集区域的个体因为拥挤度小会被整体淘汰,而分布在稀疏区域的个体因为拥挤度大则会被优先保留,这样一来被保留下来的个体将出现分布不均匀的情况,种群的多样性也不是最优的。基于以上问题,本节提出一种具有动态更新机制的拥挤度算子,其基本思想为:按照式(3.38)计算当前非支配层中所有个体的拥挤度大小,删除拥挤度最小的个体,然后重新计算并更新剩余个体的拥挤度,再不断重复删除拥挤度最小的个体和更新剩余个体拥挤度的步骤,直

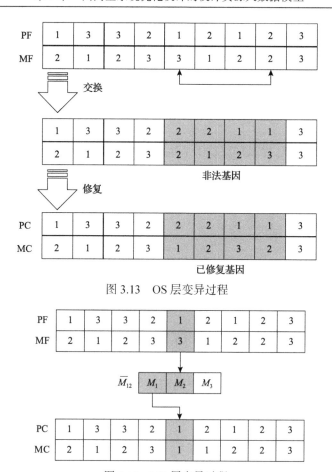

图 3.13 OS 层变异过程

图 3.14 MS 层变异过程

到剩余个体数量等于种群规模数量。

$$D(i) = \sum_{j=1}^{3} \frac{f_j(i+1) - f_j(i-1)}{f_j^{\max} - f_j^{\min}} \tag{3.38}$$

式中，$D(i)$ 为当前非支配层中个体 i 的拥挤度；j 为式 (3.37) 中目标函数的下标编号；$f_j^{\max}$ 和 $f_j^{\min}$ 为当前非支配层中所有个体在目标函数 j 上的最大值和最小值；$f_j(i-1)$ 和 $f_j(i+1)$ 分别为个体 i 在目标函数 j 上的前后相邻值。

6. 改进的精英保留策略

传统的精英保留策略只保留混合种群中非支配层层级数靠前的优秀个体进入下一轮迭代过程，存在群体多样性不足、易陷入局部最优的问题。针对这些问题，本节提出一种改进的精英保留策略，其基本思想如下：

(1)对数量为 $2N$ 的混合种群进行非支配排序后，利用式(3.38)计算每一非支配层 $F_1 \sim F_n$ 中个体的拥挤度，并按照从大到小的顺序进行排序(假设经非支配排序后共有 n 个非支配层，i 表示层级数，那么 F_i 表示层级数为 i 的非支配层，$i = 1,2,\cdots,n$)；

(2)从 $F_2 \sim F_n$ 的每一层中选择拥挤度大小靠前的一半个体，此时被选择个体的总数为 $\frac{1}{2}\sum_{i=2}^{n}|F_i|$($|F_i|$ 表示层级数为 i 的非支配层中个体的数量)；

(3)如果 $|F_1| \geqslant N - \frac{1}{2}\sum_{i=2}^{n}|F_i|$，那么依次选择 F_1 中拥挤度靠前的 $N - \frac{1}{2}\sum_{i=2}^{n}|F_i|$ 个个体，流程结束，否则进入(4)；

(4)如果 $|F_1| < N - \frac{1}{2}\sum_{i=2}^{n}|F_i|$，那么选择 F_1 中的所有个体，此时已被选择的个体数为 $|F_0| + \frac{1}{2}\sum_{i=2}^{n}|F_i|$；

(5)依次从 $F_2 \sim F_n$ 中选择在(2)中未被选中的剩余个体，直到已被选择的个体数累计到 N。

与传统精英保留策略相比，改进的精英保留策略选择了部分非精英的个体进入下一轮迭代，增加了群体的多样性，同时也可以确保大多数精英个体进入下一轮迭代。

7. INSGA-Ⅱ流程

改进的Ⅱ型非支配排序遗传算法(improved non-dominated sorting genetic algorithm Ⅱ, INSGA-Ⅱ)流程如图 3.15 所示。

3.4.3　实验结果与分析

为了验证 INSGA-Ⅱ的可行性和有效性，本节采用一个 4×6 的 MOFJSP 实例(表 3.7)进行仿真实验，整个过程采用 Python 3.8.3 进行编程，并在 CPU 型号为 AMD Ryzen 5 4600H、主频为 3.00GHz、内存为 16GB($8\text{GB} \times 2$)、DDR4、3200MHz，操作系统为 Windows 10 的个人计算机上进行。将 NSGA-Ⅱ 和 INSGA-Ⅱ 的种群规模设置为 20，最大迭代次数设置为 200，NSGA-Ⅱ 的交叉概率和变异概率单独设置为 0.8 和 0.1。

NSGA-Ⅱ 和 INSGA-Ⅱ 在每一轮迭代过程中的种群个体在三个指标 $f_1 \sim f_3$ 上的最小值随迭代次数的变化趋势如图 3.16(a)～(c)所示。在迭代完成后，INSGA-

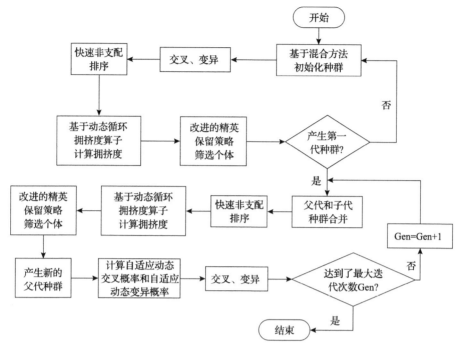

图 3.15　INSGA-Ⅱ流程

表 3.7　4×6 的 MOFJSP 实例数据

工件	工序	重要程度	预期完工时间	各加工机器加工时间					
				M_1	M_2	M_3	M_4	M_5	M_6
	O_{11}			2min	3min	4min	—	—	—
J_1	O_{12}	1	25min	—	3min	—	2min	6min	—
	O_{13}			4min	4min	5min	—	—	—
	O_{21}			3min	—	5min	—	2min	—
J_2	O_{22}	10	20min	4min	3min	—	—	6min	—
	O_{23}			—	—	4min	—	7min	8min
	O_{31}			5min	6min	—	—	—	—
J_3	O_{32}	5	22min	—	4min	—	3min	5min	—
	O_{33}			—	—	7min	—	6min	9min
	O_{41}			9min	—	7min	9min	—	8min
J_4	O_{42}	10	18min	—	6min	—	4min	6min	—
	O_{43}			5min	—	3min	—	—	4min
各机器加工能耗				11kW·h	15kW·h	8kW·h	12kW·h	10kW·h	12kW·h

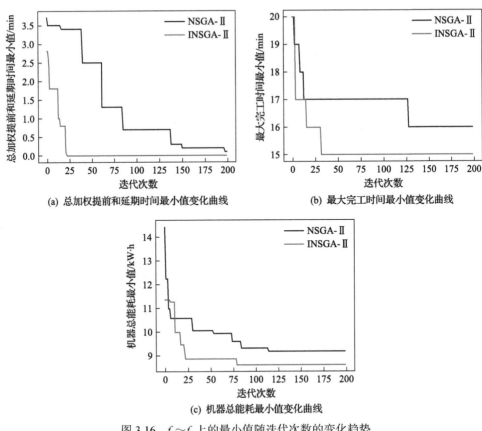

(a) 总加权提前和延期时间最小值变化曲线　　　　(b) 最大完工时间最小值变化曲线

(c) 机器总能耗最小值变化曲线

图 3.16　$f_1 \sim f_3$ 上的最小值随迭代次数的变化趋势

Ⅱ 在 f_1、f_2、f_3 三个指标上的最小值分别为 0min、15min、8.6kW·h，而 NSGA-Ⅱ 的则为 0.1min、16min、9.183kW·h，从图中可以看出，INSGA-Ⅱ 能够更快地收敛到更优的值。

这两种算法的三目标帕累托优化前沿(Pareto optimal front)图如图 3.17 所示，可以看出 INSGA-Ⅱ 所获得解的分布更广、个数更多、质量更优。

表 3.8 为 INSGA-Ⅱ 迭代完成后得到的帕累托最优解集表，表中的解均为最优解，且各个解之间互不支配，每个解代表一种调度方案。

从表 3.8 中挑选出在指标 f_1、f_2、f_3 上表现最优的解，即编号为 1、4、5 的方案，它们对应的双层编码分别为

方案 1：{OS:[2, 3, 3, 2, 1, 4, 1, 3, 4, 2, 1, 4], MS:[5, 1, 4, 5, 2, 3, 2, 5, 4, 3, 1, 3]}

方案 4：{OS:[4, 2, 3, 1, 3, 2, 3, 2, 1, 1, 4, 4], MS:[3, 5, 1, 1, 5, 5, 5, 3, 4, 3, 4, 1]}

方案 5：{OS:[2, 3, 4, 1, 1, 3, 2, 4, 1, 4, 2, 3], MS: [5, 1, 3, 2, 4, 4, 1, 4, 3, 3, 3, 3]}

绘制出它们的生产甘特图如图 3.18(a)～(c)所示。

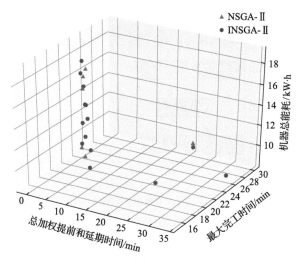

图 3.17　三目标帕累托优化前沿图

表 3.8　帕累托最优解集

方案号	f_1/min	f_2/min	f_3/(kW·h)
1	17.700	15.000	10.067
2	0.200	25.000	11.517
3	20.500	30.000	8.783
4	0.000	25.000	12.900
5	33.400	26.000	8.600
6	6.500	21.000	10.333
7	10.900	17.000	16.567
8	7.700	20.000	9.083
9	25.000	19.000	9.667
10	7.800	19.000	17.333
11	11.400	16.000	13.233
12	5.700	20.000	18.033
13	4.700	21.000	18.817
14	6.000	20.000	13.350

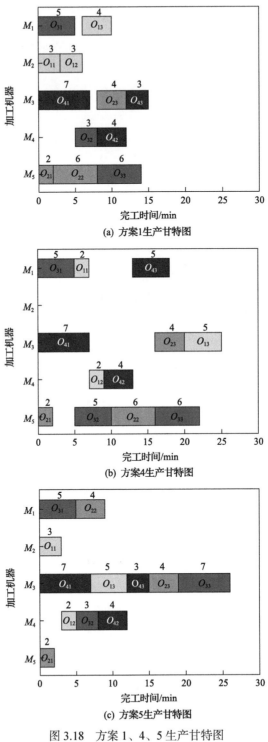

(a) 方案1生产甘特图

(b) 方案4生产甘特图

(c) 方案5生产甘特图

图 3.18 方案 1、4、5 生产甘特图

第4章 面向全流程制造管控的制造过程大数据模型

通过设计资源大数据模型，制造企业能够更好地整合和利用设计资源，从而实现全系统的优化设计。但设计只是制造过程的起点，真正的挑战在于如何将这些优化设计付诸实施。为此，需要深入探讨制造过程大数据模型，以便在制造的每一个环节进行精准的过程管控，确保设计意图得以完美实现。本章将聚焦于面向全流程制造管控的制造过程大数据模型，具体内容包括面向全流程制造管控的制造过程大数据建模方法、基于遗传规划的两阶段混合模型及其在制造管控中的应用、基于软投票的 SVM-KNN 算法及其在大数据建模中的应用，以及基于 Stacking 的提升机与随机森林组合模型及其在大数据建模中的应用。

4.1 面向全流程制造管控的制造过程大数据建模方法

4.1.1 业务相关性与数据割裂问题的描述与处理

现有的数据建模方法大多基于确定的数据模式，不能有效地应对制造企业多源、异构和复杂的制造数据的不确定性，没有建立覆盖设计、管理、制造、服务等多业务的模型，不能全面有效地描述制造过程[40-45]。

根据图 4.1 给出的建模方法的流程，面向全流程制造管控的制造过程大数据建模方法的步骤是：先对制造企业在设计、制造、管理和服务在内的业务中所产生

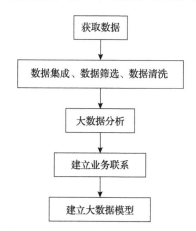

图 4.1 面向全流程制造管控的制造过程大数据建模方法的流程

的相关数据进行预处理，分析并调整制造过程中设计、管理、服务等业务因受到影响而发生改变的数据，建立起制造业务与设计、管理及服务业务之间的联系；最后建立面向设计、制造、管理、服务的全体系全价值链贯通的大数据模型。

该建模方法解决了制造企业现有的大数据模型只是面向单一业务，不能有效地应对制造企业中多源、异构和复杂制造数据的不确定性，没有考虑业务之间的相关性及其影响，没有建立起制造业务与其他业务的关联关系等问题。最终建立以制造业务数据为主、其他业务数据为辅的全体系全价值链贯通的大数据模型，辅助制造企业制定决策、合理规划生产计划，提高企业的生产效率，促进企业经济效益增长。

4.1.2　业务数据采集

分别获取制造企业在设计、制造、管理和服务在内的业务中所产生的相关数据，步骤如下：

(1)设计是产品生命周期的首要环节，制造企业根据产品类型，选择 CAD 软件对产品模型方案进行设计，通过数据接口等方式，导入 CAE 软件中进行零部件、整机的有限元分析及机构的运动分析，设计出产品结构并仿真出结果，投入生产制造。制造企业设计业务数据的特征数据主要包括：CAD 与 CAE 软件仿真系统、设计图纸、设计方案、设计案例、设计模型等设计过程中产生的数据。

(2)管理作为产品生命周期的重要环节，通过 WMS 对仓储各环节进行全过程控制管理，可对库存实现条形码标签序列号管理，提供透明、及时、精细的库存信息，对企业的仓库、供应链进行管理，保证企业进货、库存控制正确。制造企业管理业务数据的特征数据主要包括 WMS 数据、材料库存信息、供应链数据、售后信息等。

(3)服务为产品生命周期的必要环节，制造企业通过网站、微信、手机软件等方式建立服务平台，对服务请求进行统一化管理，不仅有利于售后数据的整理，而且为企业提供了决策数据。同时，优良的服务可以建立好的企业品牌和优质的传播形象，从而提高企业核心竞争力。制造企业服务业务数据的特征数据主要包括产品运行状态信息、客户反馈数据、客服记录、订单信息、物流配送信息等。

4.1.3　数据预处理

由于制造过程中所使用的 MES 无法直接识别和运用 CAD、CAE、WMS 等软件、系统所产生的数据，因此需要对所获取的其他业务数据资源进行数据预处理，包括数据集成、数据筛选和数据清洗等，为建立面向设计、制造、管理、服务的全体系全价值链贯通的大数据模型提供数据支持。

将制造企业在设计、管理和服务等业务中所产生的各类相关数据进行一定规则的转换，在逻辑上或物理上进行有效集成，形成能够被识别和运用的数据或格式，从而为制造业务提供更完整和更全面的数据共享架构。

在对获取的数据资源进行集成后，制造企业其他业务所产生的数据已经可以被识别和运用，但这类海量复杂的数据只有部分会对制造业务造成影响，因此需要对数据资源筛选，通过先验知识分析设计、管理、服务等业务数据中对制造过程数据产生影响的可能性，筛选出相关的数据，剔除无关的变量。

在获取设计、管理和服务等业务数据过程中，可能会遗漏或产生奇异值，因此还需要对数据清洗，保证数据的完整性和正确性，避免后续由于数据不正确而引发一些不必要的问题，如图 4.2 所示，数据清洗主要步骤如下：

(1)信息缺失数据的处理。对于这类存在信息缺失的数据，可以在规定的时间内重新写入，补全缺失信息；对于不能补全信息的数据，因为从大量数据中剔除个别样本不会影响最终结果，所以直接进行剔除处理。

(2)逻辑上不合理数据的处理。同样可以在规定的时间内修改逻辑上不合理的数据；对于无法进行修正的数据，直接进行剔除处理。

(3)相互矛盾数据的处理。相互矛盾的数据可能会干扰对数据的分析，得到一个错误的结论，因此直接进行剔除处理。

(4)重复数据的处理。若通过一定的规则判断出存在数据重复，则对重复的数据进行合并处理。

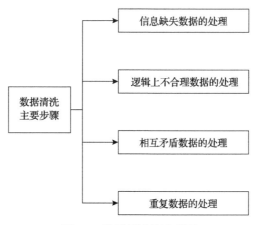

图 4.2　数据清洗的示意图

4.1.4　建立业务联系

接下来通过已经处理好的业务数据，建立起各业务之间的联系。主要使用一种称为 Kafka 的发布订阅的分布式消息系统，该系统的核心组件如下。

主题指存储消息的逻辑概念，将其看成一个消息集合。系统 Kafka 按照不同的主题将消息进行分类，将主题划分成设计、管理和服务三个子主题，不同数据源的业务数据放入不同的子主题中。

信息指消息队列通信的最基本单位。生产者向主题发布信息，而消费者会从已订阅的主题中取得信息进行消费。

生产者指负责向某一个主题发送数据或消息的数据源或消息源；经过预处理的业务数据作为生产者，并根据数据源的不同分别向设计、管理和服务三个主题发送数据。

消费者指订阅了主题并会从中提取消息或数据进行消费，即对系统 Kafka 中的数据进行分析处理的一方。消费者对从系统 Kafka 的主题中获取的动态业务数据进行即时处理，即要求选用的消费者用流处理框架来应对实时场景。

此外，Spark Streaming 为基于 Spark 的针对实时流数据计算的组件，对动态数据快速分析并实时进行反馈，选用 Spark Streaming 作为消费者，以 Spark Streaming 为基础获取系统 Kafka 中主题的数据，对流数据进行实时的处理。

面向全流程制造管控的制造过程如图 4.3 所示，调整制造过程中因为其他业务影响而发生改变的数据，主要步骤如下：

(1) Spark Streaming 从系统 Kafka 的设计主题中读取设计业务端获取的设计图纸、设计方案在内的数据信息，对从设计业务端中获取的流数据统计分析订单所需的人员数量、物料、设备在内的数据信息进行订单拆解，将订单制造所需的物料数量发送至管理业务端。

(2) 管理业务端接收到物料需求请求后，对于制造过程所需的物料进行配送，若是制造所需物料库存不足，则按需采购；管理业务端的物料配送数据信息经数据预处理后，发送至系统 Kafka 的管理主题中。

(3) Spark Streaming 从系统 Kafka 的管理主题中读取管理业务端获取的物料信息，统计分析配送的物料数量信息，发送到制造业务端；调整制造业务端中的物料数量信息，在制造过程中根据物料数量信息，对人员、设备和物料进行合理的分配生产，并对制造产品所需物料进行精准匹配，保障制造过程的顺利进行。

(4) 管理业务将已经生产制造好的部分产品交付于服务业务，由服务业务及时为客户进行配送，交付订单；客户在产品使用中发现存在瑕疵，反馈到服务业务中；服务业务端的反馈信息经过数据预处理后，发送至系统 Kafka 的服务主题中。

（5）Spark Streaming 从系统 Kafka 的服务主题中读取服务业务端获取的反馈信息，根据产品对反馈信息进行分类，然后进行统计分析，通过分析对产品问题进行追溯，对于制造环节出现的问题，及时调整人员、设备、环境在内的信息；若是需要重新生产制造产品，则重复上述物料需求请求、物料配送步骤，完成生产制造。

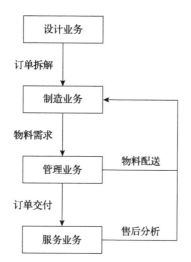

图 4.3　面向全流程制造管控的制造过程

4.1.5　制造过程大数据模型构建

面向全流程制造管控的制造过程核心模型结构如图 4.4 所示。制造过程中的数据不仅与设计、管理和服务等业务数据相互影响，还将影响制造企业的生产效率。利用这类数据可以建立面向设计、制造、管理、服务的全体系全价值链贯通的大数据模型，实时预测生产情况、生产进度等数据，帮助制造企业评估进度、制定生产计划、保障生产。

根据数据建立多元线性回归模型，其中多元线性回归模型的形式为

$$y_i = \beta_0 + \beta_1 x_{i1} + \beta_2 x_{i2} + \cdots + \beta_p x_{ip} + \varepsilon_i \tag{4.1}$$

式中，y_i 为因变量；β_i 为回归系数；x_{ij} 为自变量；ε_i 为剩余项。选用人员信息、设备数据、物料信息、生产数据和环境信息及其他业务相关数据为自变量，以制造企业的生产制造情况为因变量，建立多元线性回归模型。

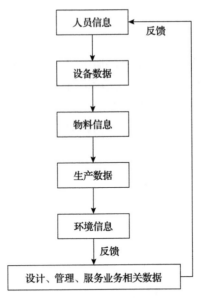

图 4.4　面向全流程制造管控的制造过程核心模型结构

通过最小二乘法进行参数估计，求出满足方程的 β_i 和 ε_i，通过残差平方和 (residual sum of squares, RSS) 公式：

$$\text{RSS} = \sum_{i=1}^{n}(y_i - \hat{\beta}_0 - \hat{\beta}_1 x_{i1} - \hat{\beta}_2 x_{i2} - \cdots - \hat{\beta}_p x_{ip})^2 \tag{4.2}$$

求实际观察值 $y_i(i = 1, 2, \cdots, n)$ 与估计值之间的最小差距平方和，曲线拟合达到最佳，即 RSS 的最小化。最终得到满足方程并且与实际数据之间误差的平方和达到最小的系数，寻找出最佳函数匹配。求出系数后，需要对其回归显著性进行检验。

假设 $H_0 : \beta_i = 0$ 或者 $H_1 : \beta_i \neq 0$，即假设 β 全为 0 或者不全为 0。构造检验统计量 F，其中 SST 为总平方和，SSE 为误差平方和，p 为自变量的个数，n 为实际数据的分组数量，则有

$$F = \frac{(\text{SST} - \text{SSE})/p}{\text{SSE}/(n - p - 1)} \sim F_{p, n-p-1} \tag{4.3}$$

通过构造出的 F 统计量可知，F 越大，拟合效果越好；将计算得到的 F 值与查表得到的 F_{tbl} 值进行对比，若 $F > F_{\text{tbl}}$，则认为回归方程足够显著；通过显著性检验，最终得到最优回归方程。

4.2　基于遗传规划的两阶段混合模型
及其在制造质量预测中的应用

质量预测是提高产品质量、实现智能制造的关键，为在生产初期设计更好的参数提供数据支持，从而提高质量水平，帮助实现低成本高质量产品的生产。然而，在复杂的制造过程中，产品质量受到多参数的影响。为了提高预测模型的准确性，特征构造是一种基本和常用的方法。由于对数据之间的关系挖掘不足或某些情况下没有足够的制造业数据和专业知识，现有的许多方法无法提供良好的结果。因此，本节提出两阶段混合模型，该模型在第一阶段采用遗传规划（genetic programming, GP）作为新的特征构造工具，在第二阶段采用极端梯度增强（XGBoost）算法将新特征作为附加变量。实验结果表明，两阶段混合模型的总体性能优于现有方法。

4.2.1　制造过程质量预测的描述与处理

制造企业数字化进程的推进和可用数据量的增长，推动现代制造企业进入智能制造阶段。制造企业的目标是在减少资源的同时，不断提高企业的产品质量、性能和服务水平。其中，产品质量是制造企业关注的焦点之一。生产过程是一个长时间、连续、多阶段的过程，因此产品质量通常由各个阶段的不同参数决定。产品质量取决于合适的制造参数，因此有必要在生产初期对制造质量进行预测，以便对制造参数进行调整。

目前已有的质量预测方法中，通常将统计模型作为评价制造过程质量性能的常用方法。基于其理论，在生产过程中成功应用了线性回归模型和非线性回归模型，较好地实现了质量预测。然而，在制造业中，因为统计模型无法理解数据样本特征之间的复杂关系，所以机器学习模型通常比传统统计模型更有效。随着计算机技术的发展和生产的日益复杂，现代制造业对机器学习模型进行质量预测的研究越来越受到重视。在一些研究中，研究人员从纺纱数据集构建了基于 SVM 的智能模型，以预测纱线质量。另一些研究活动中，研究人员提出了一种用于制造质量预测的深度神经网络，该网络是基于具有多个隐藏数据表示级别的神经网络模型构建的。这些研究都在尝试通过使用先进的机器学习技术来改进和优化制造过程。值得一提的是，特性的质量决定了模型的性能。然而，在一些真实的制造过程中，原始特征没有足够的信息。因此，需要利用特征构造对给定的一组原始特征进行变换，生成一组功能更强大的新特征。目前，自动生成特征的一种常用方法是神经网络，即从原始特征在神经元的隐藏层中生成高级特征。

虽然神经网络是一种有效的方法，但是训练它需要大量的数据，在一些数据不足的情况下可能无法获得。除此之外，如何为一个特定的场景设计一个合适的神经网络架构仍然需要大量的实验和试错，但也需要领域的专业知识。这些问题导致神经网络作为新功能创建工具在一些制造场景中无法满足应用要求。

针对上述问题，本节提出一种基于 GP 和 XGBoost 算法的两阶段混合质量预测模型。GP 是一种进化计算技术，它模仿达尔文的生存原理和繁殖原理来寻找解或近似解。在许多进化算法中，已经证明 GP 在动态构建树状个体方面是有效的，这些个体可以转换为复杂的表示构建更高层次的特征，而不需要预定义的模型和大量的训练数据。此外，GP 的特性使新特征比神经网络更具解释性。由于这些优点，GP 可能是一个更好的选择，而神经网络不能提供一个很好的解决方案。同时，GP 构建的特征作为原始数据的补充信息，提高了整体预测模型的性能。

4.2.2 两阶段混合质量预测模型

1. 模型描述

本节所提出的两阶段混合模型的建立过程如图 4.5 所示。模型建立主要步骤如下：

(1)收集生产制造参数、工艺参数及相应质量数据；

(2)执行 GP 算法，获得一组新的更强大的特性；

(3)将新特性加入初始数据集，并获得一个新的参数集；

(4)用新参数集训练 XGBoost 算法，并建立新参数集与相应质量之间的模型；

(5)输出训练模型的预测。

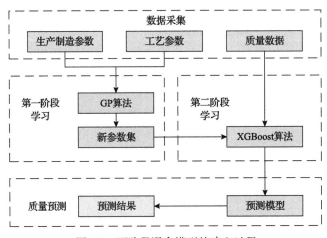

图 4.5 两阶段混合模型的建立过程

2. 利用 GP 进行特征构造

特征构造是创建一组新特征的过程，这些特征以比原始输入空间更准确的方式代表给定场景的模式。简而言之，特征构造的主要目标是获得适当的特征以提高性能。新特征通常是原始特征的数学表达式。

现在普遍认为，GP 是遗传算法的一种变体，它使用复杂的表示语言来对个体进行编码。在 GP 中，根据适应度函数评估拥有数百或数千个个体的群体，通过对得分高的个体进行一组突变和交叉算子处理，消除得分低的个体，构建一个新的群体。算法的执行过程如下。

（1）随机生成树状个体的初始种群，由函数集和终端组成。

（2）重复下面的子步骤，直到满足停止条件。首先，根据适应度函数对当前种群中的每个个体进行评估。其次，根据适应度值从种群中以概率选择个体参与新一代种群。然后，应用下列具有特定概率的遗传操作，为新一代种群进化新的个体：

①繁殖，即将选定的个体克隆到新一代种群中；

②交叉，即重新组合两个随机选择的个体产生新的后代；

③突变，即随机选择一个个体，使其产生新的后代。

（3）返回种群中选择最好的个体作为输出。

GP 最初的设计是为了进化用户定义的任务。然而，如今 GP 被用于执行特征构造任务，因为它可以动态地构建树状个体，并将其转换为逻辑表达式和数学表达式。在基于 GP 的特征构造方法中，新特征以树状个体表示，其内部节点由算术算子和函数组成，原始特征和常数对应叶子节点。因此，GP 是进化构造特征的理想选择。

3. XGBoost 算法

XGBoost 算法是一个可扩展的机器学习系统，用于树的增强，被数据科学家广泛使用，在许多机器学习挑战中获得最好的结果。

假设一个数据集有 n 个例子和 m 个特征，$D = \{(x_i, y_i)\}, |D| = n, x_i \in \mathbf{R}^m, y_i \in \mathbf{R}^n$。有 K 棵树的树提升模型的预测输出 $\hat{y}_i$ 为

$$\hat{y}_i = \phi(x_i) = \sum_{k=1}^{K} f_k(x_i), \quad f_k \in F \tag{4.4}$$

式中，$F = \{f(x) = w_{q(x)}\}(q : \mathbf{R}^m \rightarrow \mathbf{R}, w \in \mathbf{R}^T)$ 是回归树的空间。每一个回归树都由一个独立的树结构和叶的重量来描述。这里，q 为将示例映射到相应叶子的索引，T 为树中叶子的数量。

通过最小化目标函数 L 可以得到树模型中函数的集合 f_k：

$$L = \sum_i l(\hat{y}_i, y_i) + \sum_k \Omega(f_k) \tag{4.5}$$

式中，$\Omega(f_k) = \gamma T + \frac{1}{2}\lambda |w|^2$ 用于限制模型的复杂性，避免过拟合；l 为描述预测输出 $\hat{y}_i$ 与目标输出 y_i 差异的损失函数。

然而，传统的优化方法无法在欧几里得空间对原目标函数的树模型进行优化。因此，采用一种以累加的方式训练模型的解决方案。

设 $\hat{y}_i^t$ 为第 t 次迭代的第 i 个实例的预测值，即 $\hat{y}_i^t = \hat{y}_i^{t-1} + f_t(x_i)$，则训练第 t 轮的目标函数变化为

$$L^t = \sum_{i=1}^n l(y_i, \hat{y}_i^{t-1} + f_t(x_i)) + \Omega(f_t) \tag{4.6}$$

将损失函数采用二阶泰勒级数展开近似，然后重写 L^t，可得

$$L^t \simeq \sum_{i=1}^n \left(l(y_i, \hat{y}_i^{t-1}) + g_i f_t(x_i) + \frac{1}{2} h_i f_t^2(x_i) \right) + \Omega(f_t) \tag{4.7}$$

式中，g_i 和 h_i 分别为损失函数的一阶梯度统计量和二阶梯度统计量。通过删除常数项来简化 L^t，可得

$$L^t = \sum_{i=1}^n \left(g_i f_t(x_i) + \frac{1}{2} h_i f_t^2(x_i) \right) + \Omega(f_t) \tag{4.8}$$

设 $I_j = \{i \mid q(x_i) = j\}$ 为叶子 j 的实例集，将 L^t 中 Ω 展开并简化可得

$$L^t = \sum_{j=1}^T \left[\left(\sum_{i \in I_j} g_i \right) w_j + \frac{1}{2} \left(\sum_{i \in I_j} h_i + \lambda \right) w_j^2 \right] + \gamma T \tag{4.9}$$

式中，λ 和 γ 为超参数。

利用式 (4.10) 求解树结构 $q(x)$ 固定情况下叶子 j 的最优权重 w_j^*：

$$w_j^* = -\frac{\sum_{i \in I_j} g_i}{\sum_{i \in I_j} h_i + \lambda} \tag{4.10}$$

将最优权重 w_j^* 代入 L^t，得到用于评价树结构 $q(x)$ 质量的目标函数为

$$L^t = -\frac{1}{2}\sum_{j=1}^{T}\frac{\left(\sum_{i \in I_j} g_i\right)^2}{\sum_{i \in I_j} h_i + \lambda} + \gamma T \tag{4.11}$$

然而，在实践中很难搜索所有可能的树结构 $q(x)$。在推导中采用一种贪心算法，从单叶开始，迭代地向树中添加分支。分割的结果用式 (4.12) 表示：

$$L_\mathrm{S} = \frac{1}{2}\left[\frac{\left(\sum_{i \in I_L} g_i\right)^2}{\sum_{i \in I_L} h_i + \lambda} + \frac{\left(\sum_{i \in I_R} g_i\right)^2}{\sum_{i \in I_R} h_i + \lambda} - \frac{\left(\sum_{i \in I} g_i\right)^2}{\sum_{i \in I} h_i + \lambda}\right] - \gamma \tag{4.12}$$

式中，$I = I_L \bigcup I_R$，I_L 和 I_R 分别为分离后左节点和右节点的实例集。

4.2.3 实验验证

1. 数据集

为了评价该模型的性能，对典型工件的制造过程进行了研究。这些数据由中国计算机学会 (China Computer Federation, CCF) 和 "西门子杯" 中国智能制造挑战赛提供。这些样品包括 10 个工艺参数和 10 个工件属性，其质量主要分为不合格、合格、良好和优秀四大类，具体数据如表 4.1 所示。

表 4.1　数据集描述

参数	范围	属性	范围
参数 1	$(0, 3.9 \times 10^9]$	属性 1	$(0, 1.2 \times 10^7]$
参数 2	$(0, 1.4 \times 10^9]$	属性 2	$(0, 3.2 \times 10^8]$
参数 3	$(0, 2.9 \times 10^9]$	属性 3	$(0, 5.1 \times 10^9]$
参数 4	$(0, 3.7 \times 10^8]$	属性 4	$(0, 6.3 \times 10^7]$
参数 5	$(0, 70]$	属性 5	$(0, 6.4 \times 10^9]$
参数 6	$(0, 43]$	属性 6	$(0, 2.6 \times 10^7]$
参数 7	$(0, 2.4 \times 10^4]$	属性 7	$(0, 8.5 \times 10^9]$
参数 8	$(0, 7.6 \times 10^4]$	属性 8	$(0, 5.6 \times 10^{10}]$
参数 9	$(0, 6.1 \times 10^8]$	属性 9	$(0, 1.8 \times 10^{12}]$
参数 10	$(0, 1.5 \times 10^4]$	属性 10	$(0, 2.0 \times 10^{11}]$

2. 数据预处理

通过一些预处理方法清理和处理数据集，这些方法按顺序排列如下：

(1)对数据集中的质量标签进行编码，调整参数的小数点位置；

(2)通过对数变换使原始数据集更接近正态分布；

(3)训练轻量级梯度提升机(light gradient boosting machine, LightGBM)将原始数据集中的空值替换为模型的预测值。

此外，为了简化学习问题，采用忽略工件属性的策略，建立工艺参数直接映射到质量结果的方法。一般来说，数据集中的数据并不是全部都会对质量造成影响。因此，通过树模型的特征选择方法来衡量特征的重要性，对重要的特征进行筛选。

根据图 4.6 显示结果，原始数据的特征只保留了 6 个工艺参数，即参数 5 到参数 10。

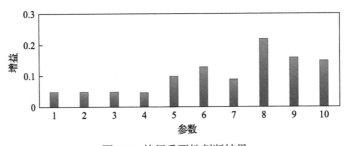

图 4.6　特征重要性判断结果

3. 评估标准

由于同一组工艺参数下的工件可能有多个质量结果，因此预测一组工件质量结果的比例比预测每个工件的质量结果更有意义。利用平均绝对误差(mean absolute error, MAE)和评分函数 Score 两个标准来评估模型的性能。MAE 可以定义为

$$\text{MAE} = \frac{1}{n}\sum_{i=1}^{n}\left|\hat{y}_i - y_i\right| \tag{4.13}$$

式中，$\hat{y}_i$ 和 y_i 分别为预测值和观测值。评分函数定义为

$$\text{Score} = \frac{1}{1 + 10 \times \text{MAE}} \tag{4.14}$$

模型在同一数据集中 Score 越高，MAE 越低，即可得出越准确的预测结论。

4.2.4　结果分析

为了评估该模型的性能，在同一数据集上，分别使用 XGBoost 算法和带有梯度提升决策树 (gradient boosting decision tree, GBDT) 的 XGBoost 算法进行比较。需要注意的是，神经网络并不适合这个数据集。一方面是因为数据量不足，另一方面是因为在没有足够先验知识的情况下难以设计神经网络的框架。此时可将 GBDT 与 LR 算法相结合形成一个复合模型，用于验证 GBDT 构建新特征的可行性和对单回归模型的改进。

选取 XGBoost 算法和带有 GBDT 的 XGBoost 算法作为基准方法，并将它们在同一数据集上的性能与两阶段混合模型进行比较，本节将展示并讨论实验结果。

通过试错法，指定新特征个数为 5，两阶段混合模型与单一 XGBoost 模型的比较结果如表 4.2 所示。

表 4.2　模型对比结果

模型	评价指标	
	MAE	Score
XGBoost	0.056	0.640
两阶段混合	0.053	0.654

对于 GBDT，该模型受到树的数量影响。带有 GBDT 的 XGBoost 算法性能如图 4.7 所示，GBDT 具有改进单个 XGBoost 模型的能力。但与 GP 相比，GBDT 的影响较小。

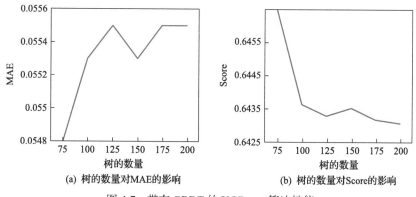

(a) 树的数量对 MAE 的影响　　　(b) 树的数量对 Score 的影响

图 4.7　带有 GBDT 的 XGBoost 算法性能

本节提出的模型与所有比较模型的实验结果如表 4.3 所示。

表 4.3　模型对比结果汇总

模型	评价指标	
	MAE	Score
XGBoost	0.056	0.640
带有 GBDT 的 XGBoost	0.055	0.646
两阶段混合	0.053	0.654

根据两个评估标准，与单一的 XGBoost 模型和使用带有 GBDT 的 XGBoost 模型相比，两阶段混合模型具有更低的 MAE 和更高的 Score，证明了 GP 具有更强的捕捉制造参数和质量特征的能力。在第一步构造特征时，基于特征构造的两阶段混合模型的性能优于单一模型，因此所提出的模型具有最好的性能。

通过以上比较可以得出结论，本节提出的模型结合了 GP 和 XGBoost 算法，证明了 GP 对制造过程中复杂特征的探索能力更强，对质量具有更好的预测性能。

4.3　基于软投票的 SVM-KNN 算法及其 在大数据建模中的应用

现如今，大数据模型在各个领域进行预测已成为常态，如何提高大数据模型的准确率成为一个重要的问题。现有的大数据模型大多采用单一算法或其改进版本，本节旨在将 SVM 算法和 KNN 算法作为基学习器，通过集成学习中的软投票，将两种算法进行组合，建立一种 SVM-KNN 的组合模型。实验结果表明，与单一算法建立的大数据模型相比，SVM-KNN 组合模型在准确率、精确度、召回率、F1 值四项模型评价指标上具有更好的性能。

4.3.1　问题描述

由于单一算法在不同数据集下的局限性，其所建立的预测模型的性能往往较差，考虑使用集成学习组合多种算法，建立组合模型。该模型已被证明在理想条件下，组合模型的预测值高于多个单一算法所建立的预测模型的最佳预测值，至少不会低于多个单一算法所建立的预测模型的平均值。

以上关于预测模型组合研究的主要结论是，通过多个单一算法建立的大数据模型的组合，可以提高大数据模型的预测精度。因此，本节采用 SVM 算法、KNN 算法作为基学习器，使用投票法建立 SVM-KNN 组合模型，对冷却设备故障进行预警。

经实验结果证明，使用软投票法建立的 SVM-KNN 组合模型，其泛化能力优于 SVM 算法或 KNN 算法建立的大数据模型。

在数据集中，分别用"1"代表"冷却设备出现故障"，"2"代表"冷却设备未出现故障"。

4.3.2　SVM 算法

SVM 算法以解决二分类问题为出发点，寻求一个满足分类要求的最优超平面，使训练集中的点与分类面的距离尽可能的大。

对于给定的训练集 $\{(x_i, y_i) \mid i = 1, 2, \cdots, l\}, x_i \in \mathbf{R}^n, y_i \in \{1, -1\}$ 为类别标签，对应的最优分类线为 $\omega x + b = 0$。因为要使训练集中的点与分离面距离最大，所以寻找最优分类线转化为求解最优变量 ω 和变量 b 的问题：

$$\min \frac{1}{2} \| \omega \|^2$$
$$y_i(\omega x_i + b) \geqslant 1, \ i = 1, 2, \cdots, l \tag{4.15}$$

对于可以用线性划分但存在错分点的分类问题，可以引进松弛变量 $\delta_i \geqslant 0$，放宽约束条件，将问题转化为

$$\min \frac{1}{2} \| \omega \|^2 + C \sum_{i=1}^{l} \delta_i$$
$$y_i(\omega x_i + b) \geqslant 1 - \delta_i, \ \delta_i \geqslant 0 \tag{4.16}$$

式中，$\| \cdot \|$ 为范数；C 为惩罚参数，C 越大表示对错误分类的惩罚越大。

目标函数为凸函数，约束条件为线性，所以这是一个凸二次规划问题，引入拉格朗日函数求解，满足 Karush-Kuhn-Tucker 条件，并根据其极值条件得到优化问题的对偶形式，即

$$\max \frac{1}{2} \sum_{i=1}^{l} \sum_{j=1}^{l} y_i y_j \alpha_i \alpha_j (x_i \cdot x_j) - \sum_{j=1}^{l} \alpha_j$$
$$\sum_{i=1}^{l} y_i \alpha_i = 0, \ 0 \leqslant \alpha_i \leqslant C \tag{4.17}$$

式中，α 为拉格朗日乘子。

解得拉格朗日乘子的最优解 $\bar{\alpha} = (\bar{\alpha}_1, \bar{\alpha}_2, \cdots, \bar{\alpha}_l)$，据此计算 $\bar{b}$，从而构造决策函数：

$$f(x) = \text{sgn}\left[\sum_{i=1}^{l} \overline{\alpha}_i y_i (x_i \cdot x) + \overline{b}\right] \tag{4.18}$$

对于非线性分类的样本通过某个映射 $\varphi(x)$ 将训练集样本变换到高维空间，从而在高维空间构造线性分类的超平面。通过引入核函数 $K(x_i, x_j)$，实现计算低维空间非线性样本数据在高维空间的内积值 $\varphi(x_i) \cdot \varphi(x_j)$。SVM 算法中常用的核函数有线性核函数、多项式核函数、径向基核函数和 sigmoid 核函数等。

4.3.3　投票集成

本节选择建立组合模型的方法为投票法，投票方式为软投票。以下是对投票法的介绍。

1. 投票法原理

投票法是集成学习中针对分类问题的一种结合策略，是一种遵循少数服从多数原则的集成学习模型。在同一训练集上，训练得到多个分类模型或回归模型，然后通过一个投票器，通过某种加权方式，输出得票率最高的结果。

投票法在回归模型与分类模型上均可使用，冷却设备故障预警属于分类问题，故本节选择分类投票法。

2. 投票方式

对于分类投票法，根据输出有两种类型：输出类标签和输出类概率，将前者称为硬投票，将后者称为软投票。

硬投票的预测结果是所有投票结果中最多出现的类，软投票的预测结果是所有投票结果中概率加和最大的类。硬投票适用于投票中使用的模型能预测出清晰的类别标签情况。软投票适用于两种情况：

(1)投票中使用的模型能预测类别的概率；

(2)模型可输出类似于概率的预测分数值，如 SVM、KNN 和决策树。

3. 投票法注意事项

在投票法中，若要投票法产生较好的结果，需要满足两个条件：

(1)各个基模型之间的效果不能差别过大，当某个基模型相对于其他基模型效果过差时，该模型很可能成为噪声。

(2)基模型之间应该有较小的同质性。例如，在基模型预测效果近似的情况下，基于树模型与线性模型的投票，结果往往优于两个树模型或两个线性模型。

4.3.4 实验验证

与不同的单一算法建立的大数据模型相比,组合模型在"冷却设备故障预警"分类预测上有更好的效果。为了验证这一想法,在实验中建立 SVM 模型、KNN模型、SVM-KNN 组合模型,使用十折交叉验证的方法分别计算三种大数据模型的准确率、精度、召回率和 F1 值,并进行比较。

冷却设备故障预警数据集共有 1008 个样本,26 个特征,表 4.4 给出了各特征的含义。

表 4.4　数据集特征

特征	特征的含义
x_1	振动频率
$x_2 \sim x_5$	温度数据
$x_6 \sim x_{19}$	电压数据
$x_{20} \sim x_{26}$	电流数据

1. SVM 算法核函数的选择

不同核函数的选择,会影响 SVM 算法所建立大数据模型的准确率,为了找出 SVM 算法在数据集上表现最好时的核函数,测试了在线性核函数、多项式核函数、径向基核函数、sigmoid 核函数下 SVM 算法所建立的大数据模型的准确率,结果如图 4.8 所示。

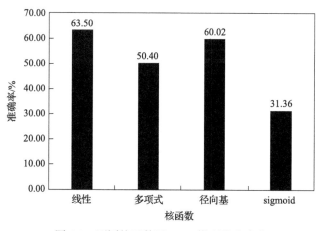

图 4.8　不同核函数下 SVM 模型的准确率

由图 4.8 可以看出，当选择线性核函数作为核函数时，SVM 算法所建立的大数据模型正确率最高，故本节选择线性核函数作为 SVM 算法的核函数。

2. KNN 算法 K 的取值

不同的 K 值会影响 KNN 算法所建立的大数据模型的准确率，为了找出 KNN 算法在数据集上表现最好时的 K 值，测试了不同 K 值下 KNN 算法所建立的大数据模型的准确率，结果如图 4.9 所示。

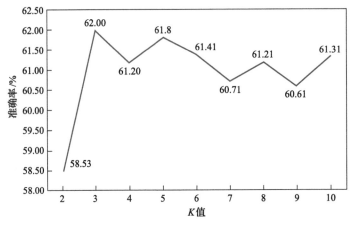

图 4.9　不同 K 值下 KNN 模型的准确率

由图 4.9 可以看出，当 K 值为 3 时，KNN 算法所建立的大数据模型的准确率最高，说明 3 是 K 的最优值。故使用 KNN 算法建立大数据模型时，K 值选择 3。

3. 模型效果对比

在数据集中，SVM 算法建立的大数据模型的准确率为 64.18%，KNN 算法建立的大数据模型的准确率为 60.82%，SVM-KNN 组合模型的准确率为 67.46%。三种大数据模型在数据集上的准确率结果如图 4.10 所示。

图 4.11～图 4.13 比较了三种算法建立的预测模型的预测结果，表 4.5 展示了三种模型在所有评价指标下的结果。

由图 4.10～图 4.13 和表 4.5 可以看出，SVM-KNN 组合模型在所有评价指标上均优于 SVM 算法和 KNN 算法所建立的大数据模型，说明在这三种模型中，SVM-KNN 组合模型在冷却设备故障预警时有更好的效果，可为制造企业提供更有价值的参考。

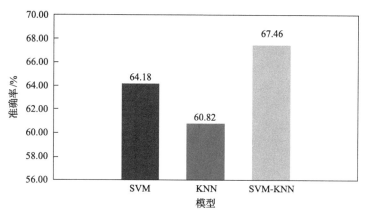

图 4.10　三种模型的准确率

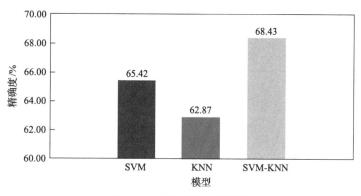

图 4.11　三种模型的精确度

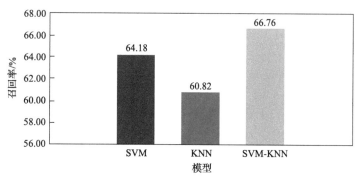

图 4.12　三种模型的召回率

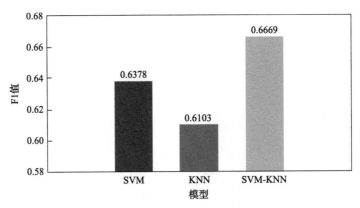

图 4.13　三种模型的 F1 值

表 4.5　三种模型在所有评价指标下的结果

模型	准确率/%	精确度/%	召回率/%	F1 值
SVM	64.18	65.42	64.18	0.6378
KNN	60.82	62.87	60.82	0.6103
SVM-KNN	67.46	68.43	66.76	0.6669

4.4　基于 Stacking 的 LCRF 算法及其在大数据建模中的应用

近年来，大数据模型预测在各个领域的应用日益增多，但模型准确率的提高始终是一大难题。使用集成算法对多个基学习器进行集成是一种高效提高模型精确度的方法。本节将 LightGBM 算法、CatBoost 算法和 RF 算法作为基学习器，针对集成学习中的 Stacking 方法，建立 LCRF 组合模型。与现有文献中的基于软投票的 SVM-KNN 组合模型进行实验对比，结果表明基于 Stacking 的 LCRF 组合模型在准确率、精确度、召回率和 F1 值四项模型评价指标上都有较好的表现。

4.4.1　问题描述

在制造业生产线上，工业生产设备都会受到持续的振动和冲击，这导致设备材料和零部件的磨损老化，从而导致工业设备容易产生故障，而当人们意识到故障时，可能已经产生了很多不良品，甚至整个工业设备已经崩溃停机，从而造成巨大的损失。

如果能在故障发生之前进行故障预测，提前维修更换即将出现问题的零部件，那么就可以提高工业设备的寿命同时避免某个设备突然出现故障对整个工业生产带来严重的影响。随着工业 4.0 的到来，智能工厂的工业设备都配上了各种传感器，采集其振动、温度、电流、电压等数据显得轻而易举，通过分析这些实时的传感数据，对工业设备进行故障预测将是一种行之有效的措施。

将冷却设备故障预警转化为多分类问题，使用机器学习算法建立大数据模型，挖掘冷却设备"振动频率""温度数据""电压数据""电流数据"与设备故障之间的联系，对冷却设备故障进行预警。

目前大数据建模的方法在该领域的应用较少，已有的冷却设备故障模型采用软投票对基于 SVM 算法和 KNN 算法建立的大数据模型进行集成。本节拟采用 Stacking 集成算法，选择 LightGBM 算法、CatBoost 算法、RF 算法作为 Stacking 的第一层基学习器，选择 LR 算法作为 Stacking 的元学习器，建立组合模型，对冷却设备故障进行预警。相比软投票，Stacking 整合各个基模型的输出与真实值之间的映射关系，组合各个模型的预测结果，确保多个模型在意见不统一时，更容易选择出正确的答案。

4.4.2　Stacking 集成算法

本节选择 Stacking 集成算法，建立基于 Stacking 的 LCRF 组合模型，对冷却设备故障进行预警，下面对 Stacking 集成算法进行介绍。

1. Stacking 集成算法原理

使用多个基学习器在原始数据上进行训练，每个基学习器的输出结果作为一个输入特征，组成用于训练元学习器的次级数据集。元学习器在次级数据集的基础上进行训练并输出最终结果，具体流程如图 4.14 所示。

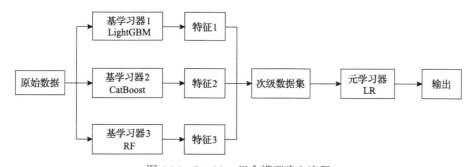

图 4.14　Stacking 组合模型建立流程

本节采用十折交叉验证的方法，Stacking 具体训练过程如下。

（1）将训练集数据 X_train 均分为 10 份，分别记为 $X\_train1, X\_train2, \cdots,$ $X\_train10$。

(2)本折训练集为 $X_{D1} = X\_train1 \bigcup X\_train2 \bigcup \cdots \bigcup X\_train9$ ，接下来对 LightGBM 基学习器进行训练，本折验证集为 $y_{N1} = X\_train10$ ，训练完成后，使用 LightGBM 基学习器对验证数据 y_{N1} 进行预测，得到预测数据 V_{N1} 。

(3)对 LightGBM 基学习器重复步骤(2)，在 10 组验证数据中得到预测结果 $V_{N1} \sim V_{N10}$ ，组成 V_1 ， $V_1 = [V_{N1}, V_{N2}, \cdots, V_{N10}]^T$ 。

(4)用 CatBoost、RF 基学习器替换(2)和(3)中的 LightGBM 基学习器，得到 V_2 、 V_3 ，将 V_1 、 V_2 、 V_3 合并得到次级数据集 V ， $V = [V_1, V_2, V_3]$ 。

(5)使用元学习器 LR 对次级数据集进行训练，得到最终的组合模型。

2. 学习器选择

合理地选择基学习器及元学习器，才能更好地发挥集成学习取长补短的效果，因此基学习器及元学习器的选择对于 Stacking 集成学习算法是非常重要的一环。以下是基学习器及元学习器选择的条件。

基学习器选择的条件：①各基学习器应为强学习器，且预测结果需要接近；②基学习器之间应具备一定的异质性。

元学习器选择的条件：为了减轻过拟合，元学习器最好选择简单的模型。

本节在多个模型下进行实验，各模型的准确率如图 4.15 所示，其中 Bayes 为贝叶斯学习器，DT 为决策树学习器。

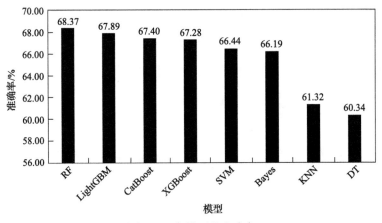

图 4.15　各模型的准确率

参考基学习器选择的两个条件，最终选择了在各指标下表现较好且接近，并具备一定异质性的 RF 学习器、LightGBM 学习器、CatBoost 学习器作为基学习器；参考元学习器选择的条件，本节选择较为简单的 LR 学习器作为元学习器，减轻模型的过拟合。

4.4.3 基学习器算法介绍

1. GBDT 算法

LightGBM 算法和 CatBoost 算法均是 GBDT 类的算法。GBDT 算法是一种迭代的决策树算法，由多棵决策树组成，所有树的结论累加起来作为最终结果，算法的流程如下。

(1)初始化弱学习器：

$$f_0(x) = \arg\min_c \sum_{i=1}^{N} L(y_i, c) \tag{4.19}$$

(2)对于学习器 $m = 1, 2, \cdots$，均执行以下步骤。

对于所有样本 $i = 1, 2, \cdots$，计算残差：

$$r_{im} = -\left(\frac{\partial L(y_i, f(x_i))}{\partial f(x_i)} \right)_{f(x)=f_{m-1}(x)} \tag{4.20}$$

将得到的残差作为样本 i 新的真实值，构成下一棵树的训练数据 (x_i, r_{im})，得到新的决策树，新的决策树叶子节点区域为 $R_{jm}(j = 1, 2, \cdots)$，其中 j 为决策树 t 叶子节点的编号，对叶子区域计算最佳拟合值：

$$\gamma_{jm} = \arg\min_\gamma \sum_{x_i \in R_{jm}} L(y_i, f_{m-1}(x_i) + \gamma) \tag{4.21}$$

更新强学习器：

$$f_m(x) = f_{m-1}(x) + \sum_{j=1}^{J} \gamma_{jm} I, \quad x \in R_{jm} \tag{4.22}$$

得到最终学习器：

$$f(x) = f_M(x) = f_0(x) + \sum_{m=1}^{M} \sum_{j=1}^{J} \gamma_{jm} I, \quad x \in R_{jm} \tag{4.23}$$

2. LightGBM 算法

LightGBM 算法在 GBDT 算法的基础上，采用 Histogram 算法和 Leaf-wise 生

长策略，解决在海量数据时需要占用大量内存或消耗大量时间的问题，让 GBDT 算法可以更好、更快地用于工业实践。

1）Histogram 算法

Histogram 算法基本思想如图 4.16 所示，具体步骤如下。

（1）对于连续型的特征，将其离散化成 N 个整数，构造一个宽度为 N 的直方图；对于离散型的特征，将每一种取值放入一个桶中，当取值的个数大于最大桶数时，忽略出现次数很少的类别值。

（2）遍历数据时，将离散化后的值作为索引，在直方图中累积统计量。

（3）一次遍历后，直方图累积了所需统计量，根据直方图的离散值，遍历寻找最优的分割点。

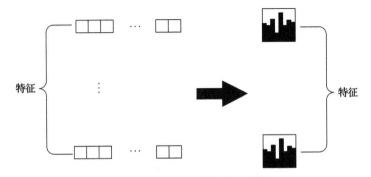

图 4.16　Histogram 算法基本思想

2）Leaf-wise 生长策略

Leaf-wise 生长策略基本思想如图 4.17 所示。对于叶子节点的每次分裂过程，都是从当前层的所有叶子中，寻找分裂增益最大的一个叶子，然后进行分裂，如此循环。

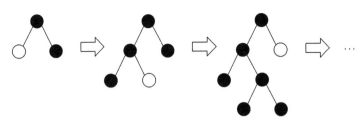

图 4.17　Leaf-wise 生长策略基本思想

同 Level-wise 生长策略相比，在分裂次数相同的情况下，Leaf-wise 生长策略的效率和准确率更高。但当样本量较小时，Leaf-wise 生长策略可能会造成过拟合，需要通过设置树的最大深度来避免过拟合的发生。

3. CatBoost 算法

在 GBDT 算法的基础上，CatBoost 算法采用排序提升算法替换传统算法中梯度估计的方法，从而降低梯度估计的偏差，提高模型的泛化能力。

为了得到无偏梯度估计，CatBoost 算法对每个样本 x_i 都会训练得到一个单独的模型 M_i，模型 M_i 由不包含样本 x_i 的训练集训练得到。使用模型 M_i 得到关于样本的梯度估计，并使用该梯度估计来训练基学习器并得到最终的模型。CatBoost 算法的伪代码如算法 4.1 所示。

算法 4.1　CatBoost 算法

输入：$\{(x_k, y_k)\}, I$

输出：M_n

1.　　　　$o \leftarrow$ 从自然数 $1 \sim n$ 中随机选择一个值

2.　　　　$\forall i = 1, 2, \cdots, n, M_i = 0$

3.　　　　for $t \leftarrow 1$ to I do:

4.　　　　　for $i \leftarrow 1$ to I do:

5.　　　　　　$r_i \leftarrow y_i - M_{o(i)-1}(x_i)$

6.　　　　　end for

7.　　　　　for $i \leftarrow 1$ to n do:

8.　　　　　　$\Delta M \leftarrow \text{LearnModel}\big((x_j, r_j) : \sigma(j) \leqslant i\big)$

9.　　　　　　$M_i \leftarrow M_i + \Delta M$

10.　　　　　end for

11.　　　end for

12.　　　return M_n

---

4. RF 算法

RF 算法是一种基于 Bagging 集成学习思想，将多棵决策树集成的算法。具有精确度比较高、不容易发生过拟合、能够很好地处理缺失数据等优点，算法流程如下：

(1) 从数据集中有放回地抽取 n 个训练样本，重复 T 次，得到 T 个数据集；

(2) 指定一个常数 m，随机从 26 个特征中选取 m 个特征，重复 T 次，得到 T 棵决策树；

(3) 对于 (1) 中得到的 T 个数据集，分别作为训练集训练 T 棵分类回归树

(classification and regression tree, CART) 决策树;

(4) 保证每棵决策树都尽最大程度生长，并且没有剪枝过程;

(5) 由 T 棵 CART 决策树投票表决产生分类结果，对冷却设备故障进行预警。

4.4.4 实验验证

在实验中，采用网格搜索对 LightGBM、CatBoost、RF 三种单一算法进行参数优化，建立基于 Stacking 的 LCRF 组合模型，与基于软投票的 SVM-KNN 组合模型在准确率、精确度、召回率和 F1 值四项模型评价指标上进行对比。

在机器学习分类问题中，特征工程发挥着至关重要的作用。特征筛选是特征工程中重要的一环，剔除无用特征，能够保证模型准确性的同时加快模型的训练速度。本节通过方差过滤法及特征之间的相关性，去除冗余特征。

1) 方差过滤法

方差过滤法剔除无效特征的原理是计算各个特征的方差，剔除方差低于阈值的特征。方差计算公式为

$$s^2 = \frac{\sum\limits_{i=1}^{n}(x_i - \bar{x})^2}{n} \tag{4.24}$$

方差越小，说明该特征用于区分不同样本的能力越小。在实际中，很少出现95%以上都取某个值的特征存在。故本节选择 0.05 作为阈值，对特征进行筛选，剔除特征 x_{18}。

2) 特征相关性

皮尔逊相关系数是衡量向量相似度(特征相关性)的一种方式，输出范围为 $-1\sim+1$，其中 0 代表无相关性，负值代表负相关，正值代表正相关。采用皮尔逊相关系数，计算各特征之间的相关性，查看是否存在高度相关的冗余特征。皮尔逊相关系数计算公式为

$$\text{Pearson} = \frac{\sum\limits_{i=1}^{n}(x_i - \bar{x})(y_i - \bar{y})}{\sqrt{\sum\limits_{i=1}^{n}(x_i - \bar{x})^2}\sqrt{\sum\limits_{i=1}^{n}(y_i - \bar{y})^2}} \tag{4.25}$$

如表 4.6 所示，通常通过以下取值范围判断向量相似度。

特征相关性前五的特征如表 4.7 所示。可知各特征之间并不存在强相关性，因此不存在冗余特征需要剔除。

表 4.6　向量相似度

取值范围	相似度
0.8～1.0	极度相关
0.6～0.8	强相关
0.4～0.6	中等程度相关
0.2～0.4	弱相关
0.0～0.2	极弱相关或无相关

表 4.7　特征相关性

特征	皮尔逊相关系数
振动频率&温度数据_3	0.44
电压数据_6&电压数据_7	0.36
温度数据_1&温度数据_2	0.34
电压数据_5&电压数据_7	0.33
电流数据_4&电流数据_6	0.30
⋮	⋮

3）参数选择

为使组合模型发挥最佳性能，需要对基学习器的超参数进行优化。使用训练集训练各个基学习器，在验证集上使用准确率评估基学习器的性能。本节采用网格搜索对 LightGBM、CatBoost、RF 三个基学习器进行参数优化，考虑计算量，仅对各基学习器的核心参数进行优化，模型参数如表 4.8 所示。

表 4.8　模型参数

算法	超参数设置
LightGBM	max_depth=5, learning_rate=0.02
CatBoost	iterations=800, learning_rate=0.02
RF	max_depth=9, n_estimators=25

注：max_depth 表示最大深度，learning_rate 表示学习率，iterations 表示迭代次数，n_estimators 表示学习器数量。

4）模型效果对比

在准确率、精确度、召回率、F1 值四项模型评价指标上，对比基于 Stacking 的 LCRF 组合模型与现有文献中的基于软投票的 SVM-KNN 组合模型的效果。精确度、召回率和 F1 值的计算公式为

$$Precision = \frac{TP}{TP + FP} \tag{4.26}$$

$$Recall = \frac{TP}{TP + FN} \tag{4.27}$$

$$F1\_score = \frac{2Precision \times Recall}{Precision + Recall} \tag{4.28}$$

式中出现的情况如表 4.9 所示。

表 4.9　评价指标参数含义

真实情况	预测情况	
	正例	反例
正例	TP（真正例）	FN（假反例）
反例	FP（假正例）	TN（真反例）

　　在数据集中，基于 Stacking 的 LCRF 组合模型在测试集上的准确率、精确度、召回率、F1 值分别为 69.84%、70.04%、70.08%、0.70。如图 4.18 所示，与现有文献中的基于软投票的 SVM-KNN 组合模型相比，均有所提高，能够为冷却设备故障预警提供更加精确的结果。

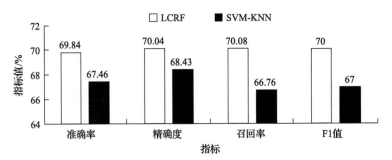

图 4.18　各指标下模型效果的对比

第 5 章　面向全贯通管理决策的管理流程大数据模型

制造过程的大数据模型提供了详细的过程监控和优化手段，保证了生产过程的高效与质量。然而，制造企业的成功不仅依赖生产过程的监控和优化，还需要贯穿整个企业管理流程的高效决策支持。因此，本章将探讨管理流程大数据模型，旨在通过数据驱动的决策支持，全面提升企业的管理效率与效能。本章将重点介绍面向全贯通管理决策的管理流程大数据模型，包括基于模糊二型 C-means 聚类的关联规则挖掘方法、基于邻居信息的修正模糊关联规则挖掘方法、基于分布式并行计算的模糊关联规则挖掘方法以及智能制造管理决策应用案例[46]。

5.1　基于模糊二型 C-means 聚类的关联规则挖掘方法

5.1.1　研究背景

为建立面向全贯通管理决策的管理流程大数据模型，从最重要的关联规则挖掘入手，提出基于模糊二型 C-means 聚类的关联规则挖掘方法。为了提升算法抵抗不确定性的能力，本节将改进的基于二型模糊集的模糊聚类算法(区间二型模糊 C-means 聚类算法)和关联规则挖掘方法进行融合。首先，对算法的框架进行设计；然后，设计检验算法来验证所提出算法的有效性；最后，为了检验其抗扰动性，在原数据上随机挑选不同数量的数据分多组添加高斯噪声扰动，通过算法所产生的规则数量变化来展现算法抵抗不确定性的能力。

大多数关联规则挖掘方法基于 Apriori、FP-tree、ECLAT 和 SETM 等布尔型方法。但在现实世界的应用程序中，事务通常由数值组成，而这些数值不能由布尔型方法直接处理。数量关联规则挖掘(quantitative association rule mining, QARM)方法通过对属性域进行划分，并结合相邻分区，找到关联规则，然后将问题转化为二进制问题。在数量关联规则挖掘中，属性不限于布尔值，还有数值，通常是数量属性或分类属性。近年来，有许多研究者采用了各种算法来提高关联规则挖掘的性能，包括一些元启发式数量关联规则挖掘方法。其中，一种改进的遗传算法被提出，该算法采用自适应突变技术，随着世代数的增加，突变率降低，根据后代适应度值对突变率进行调整。此外，粒子群优化算法也被集成到数量关联规则挖掘方法中，以提高关联规则挖掘的性能。然而，尽管这些研究取得了一定的成果，但数量关联规则挖掘的时间成本和信息量远远超过了原始的关联规则挖掘方法。原始的关联规则挖掘方法仅局限于布尔属性，并且它的硬划分可以产生尖锐的边界效应。为了减轻这种问题的影响，一种名为模糊关联规则挖掘（fuzzy association rule mining, FARM）的方法被提出，该方法将模糊集理论集成到关联规则挖掘方法中，假设所有项目每个模糊区域的隶属度函数都是由专家经验获得的。然而，总是由领域专家提供最合适的模糊集是不现实的。因此，另一种遗传模糊数据挖掘算法被提出，用于从数值事务中提取关联规则和隶属度函数。此外，模糊聚类算法也被广泛应用于各个领域。有一种方法是利用聚类算法对数据集进行预处理，然后挖掘关联规则。这些研究都为关联规则挖掘的发展做出了重要贡献。

然而，现有的方法主要是基于一型模糊集（type-1 fuzzy set, T1 FS），通过启发式方法生成隶属度函数，如三角函数、高斯函数、梯形函数等。基于一型模糊集生成关联规则时，会受到实际数据中各种不确定性的影响。在启发式方法中，需要根据特定的数据集选择特定的启发式隶属度函数，并且每个不同的启发式隶属度函数都需要适当的参数。与一型模糊集相比，二型模糊集（type-2 fuzzy set, T2 FS）最重要的性质是隶属度的等级是模糊的，它可以被认为是模糊层面上的进一步模糊表示，即"模糊-模糊"集。当不能确定一个特定的隶属度函数时，这种方法非常有用。此外，某些项是高度耦合的，无法单独研究，而对于某些项是多维度的关联规则挖掘目前研究相对较少。

5.1.2 模糊 C-means 聚类算法

模糊 C-means 聚类算法是一种带有约束的多目标优化的模糊聚类算法，它将聚类问题转化为具有约束的非线性规划问题。模糊 C-means 聚类算法的最终目标可以简单地理解为最小化如式（5.1）所示的目标函数：

$$J_m(U,V) = \sum_{i=1}^{N}\sum_{j=1}^{C} u_j(x_i)^m \left\| x_i - v_j \right\|_A^2 \tag{5.1}$$

这里

$$\sum_{j=1}^{C} u_j(x_i) = 1, \quad i = 1,2,\cdots,N \tag{5.2}$$

式中，U 为 $C \times N$ 矩阵；$u_j(x_i)$ 为项 x_i 隶属于第 j 个聚类中心点的隶属度值；$V = \{v_1, v_2, \cdots, v_C\} \in \mathbf{R}^d$ 为 C 个聚类中心点的集合；$\| x \|_A$ 为内积运算 $x^{\mathrm{T}} A x$，本节仅考虑欧几里得范数，即 $A = I$；m 为模糊系数，表示系统的模糊程度，大多数现有的

研究都使用 $m=2$ ，因为 m 的最佳选择范围为 [1.5,2.5]。模糊 C-means 聚类通过迭代优化方程(5.3)和方程(5.4)，得到聚类中心点和模糊隶属度矩阵

$$v_j^{k+1} = \frac{\sum_{i=1}^{N} u_j^k(x_i)^m x_i}{\sum_{i=1}^{N} u_j^k(x_i)^m} \quad (5.3)$$

和

$$u_j^{k+1}(x_i) = \frac{1}{\sum_{l=1}^{C}\left(\dfrac{v_j^{k+1} - x_i}{v_l^{k+1} - x_i}\right)^{\frac{2}{m-1}}} \quad (5.4)$$

式中，$j=1,2,\cdots,C$；u^k 和 v^k 分别为在第 k 次迭代中隶属度值和聚类中心点的值。通过不断迭代计算，算法可以全局收敛在(局部)最优值点。特别地，方程(5.3)和方程(5.4)可以理解为在 u^k 初始化后通过计算 v^{k+1} 来最小化代价，然后在 v^{k+1} 初始化后通过计算 u^{k+1} 来最小化代价，并不断迭代循环的过程。最终 u^* 表示迭代结束后每个项目属于每个分类的隶属度值，v^* 表示迭代结束后每个聚类中心点的值。

模糊聚类算法可以与关联规则挖掘方法巧妙结合，通过聚类算法的划分作用，与关联规则挖掘处理布尔型数据的特点共同作用在数据集中，用于信息挖掘与知识发现。但是随着数据规模的扩大，传统的聚类算法与关联规则挖掘方法面临诸多挑战，如计算资源不足、存储空间不足、资源调度分配不均等问题，这些都或多或少降低了算法的适用范围。因此，对于此类算法的分布式并行计算显得越发重要。

5.1.3　二型模糊集

二型模糊集在一型模糊系统中扩展了模糊的层次，在存在大量不确定性时表现更好。二型模糊集的定义如下。

定义 5.1　二型模糊集 $\tilde{A}$ 是由一个二型隶属度函数 $\mu_{\tilde{A}}(x,u)$ 定义的，其中 $x \in X$ 并且 $u \in J_x \subseteq [0,1]$，即

$$\tilde{A} = \left\{ ((x,u), \mu_{\tilde{A}}(x,u)) | \ \forall x \in X, \forall u \in J_x \subseteq [0,1] \right\} \quad (5.5)$$

式中，$0 \leqslant \mu_{\tilde{A}}(x,u) \leqslant 1$。那么，$\tilde{A}$ 可以表示为

$$\tilde{A} = \int_{x \in X} \int_{u \in J_x} \mu_{\tilde{A}}(x,u)/(x,u)\mathrm{d}x\mathrm{d}u, \quad J_x \subseteq [0,1] \tag{5.6}$$

式中，$u \in J_x \subseteq [0,1]$ 表示一型模糊集要求；$0 \leqslant \mu_{\tilde{A}}(x,u) \leqslant 1$ 表示隶属度函数的振幅必须在 $[0,1]$ 内。虽然二型模糊集存在很多优势，但这也使得计算非常复杂，一个自由度的提升给计算带来了非常大的压力。区间二型模糊集(interval type-2 fuzzy set, IT2 FS)便产生了，下面给出区间二型模糊集及其切片的定义。

定义 5.2 当所有的 $\mu_{\tilde{A}}(x,u) = 1$ 时，定义 5.1 中的集合 $\tilde{A}$ 就是一个区间二型模糊集。

定义 5.3 对于每个值 $x = x'$，称横坐标为 u、纵坐标为 $\mu_{\tilde{A}}(x',u)$ 的二维坐标系为区间二型模糊集 $\tilde{A}$ 的一个切片。它可以表示为对于所有 $x' \in X$ 和 $\forall u \in J_{x'} \subseteq [0,1]$，有

$$\mu_{\tilde{A}}(x = x', u) \equiv \mu_{\tilde{A}}(x', u) = \int_{u \in J_{x'}} 1/u\mathrm{d}u, \quad J_{x'} \subseteq [0,1] \tag{5.7}$$

通过上述定义，可以将区间二型模糊集定义为

$$\tilde{A} = \int_{x \in X} \int_{u \in J_x} 1/(x,u)\mathrm{d}z\mathrm{d}u, \quad J_x \subseteq [0,1] \tag{5.8}$$

同时，通过切片概念，也可以将区间二型模糊集表示为所有切片的集合，即

$$\tilde{A} = \left\{ \left(x, \mu_{\tilde{A}}(x)\right) \middle| \ \forall x \in X \right\} \tag{5.9}$$

或者表示为

$$\tilde{A} = \int_{x \in X} \mu_{\tilde{A}}(x)/x\mathrm{d}x = \int_{x \in X} \left(\int_{u \in J_x} 1/u \right) \middle/ x\mathrm{d}z\mathrm{d}u, \quad J_x \subseteq [0,1] \tag{5.10}$$

可见，切片后的隶属度值都为 1，区间二型模糊集能够有效降低由于增加模糊类型而产生的计算压力。除此之外，还有一个重要概念为不确定性覆盖范围(footprint of uncertainty, FOU)，定义如下。

定义 5.4 不确定性覆盖范围指的是区间二型模糊集的原始隶属度函数的不确定性，它包含了所有原始隶属度函数构成的有界区域，即

$$\mathrm{FOU}(\tilde{A}) = \bigcup_{x \in X} J_x \tag{5.11}$$

这是 FOU 的切片表示，因为每个原始隶属度函数都是区间二型模糊集的一个切片。

一个区间二型模糊集的示意图如图 5.1 所示，在图 5.1(a)中，阴影部分指的是不确定性覆盖范围，图中 x' 的隶属度值是以一个区间来构造的，区间包含高隶属度值 $\bar{u}(x')$ 和低隶属度值 $\underline{u}(x')$。因此，每个点 x' 都有一个原始隶属度区间：

$$J_{x'} = \left[\underline{u}(x'), \bar{u}(x')\right]$$

(5.12)

隶属度区间的值切片如图 5.1(b)所示，在这个隶属度区间内，每个原始隶属度函数的二型隶属度值都等于 1，这便是区间二型模糊集的思想：既考虑了二型模糊集，又降低了计算复杂度。

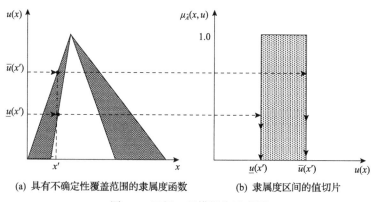

(a) 具有不确定性覆盖范围的隶属度函数　　　(b) 隶属度区间的值切片

图 5.1　区间二型模糊集示意图

5.1.4　模糊二型 C-means 聚类算法

模糊 C-means 聚类算法在数据集上的性能要优于非模糊聚类算法。模糊聚类算法在包含类似超球形形状和密度的数据集上表现良好。然而，如果数据群设为不同密度(如分类大小不同并且分类比率也不同、分类大小相同但分类比率不同或者分类大小不同但分类比率相同等情况)，模糊 C-means 聚类算法的性能可能显著不同，这取决于模糊系数 m 的选择。因此，可以认为 m 值是与数据集的聚类分布有关的。对于如图 5.2 所示的情况，由于两个类别之间所存在的体积差异，如果模糊系数 m 分配不当，那么最大模糊边界会导致不理想的聚类结果。位于最大模糊边界左侧的部分是集群 C_1 的一部分，它对集群 C_1 的贡献大于集群 C_2。这表明，对于包含大小差异显著的聚类分布，需要适当控制模糊系数 m 来提高模糊 C-means 聚类算法的性能。如果将模糊系数 m 设为一个较大的值，可以得到一个较大的最大模糊边界。从集群 C_1 的角度来看，这似乎是可取的，但是估计的中心点 v_1 将倾向于向集群 C_2 移动，因此 v_1 将偏离集群 C_1 的理想中心；从集群 C_2 的角度来看，这也是不理想的。因此，理想的情况是最大模糊区域相对于最大模糊隶属度位置左宽右窄，如图 5.3 所示。但是，对于模糊 C-means 聚类算法，这种最大的模糊区域不能由其产生，因为模糊系数 m 的变化对所有的聚类算法具有同等的影响。

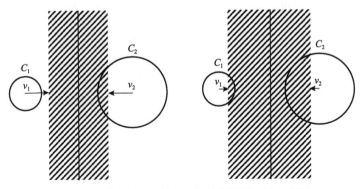

图 5.2　模糊系数 m 所产生的最大模糊边界示意图

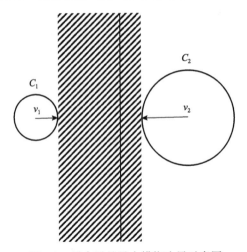

图 5.3　最合适的最大模糊边界示意图

　　除了最大模糊边界，对于模糊系数 m，还有另外的一些解释。假设一个数据集已经有两个聚类中心点，记作中心点 v_1、v_2。中心点 v_1 的隶属度值如图 5.4 所示，图 5.4(a) 表示根据不同的模糊系数 m，位于 v_1 和 v_2 之间的点隶属于中心点 v_1 的隶属度值；图 5.4(b) 中的阴影区域为位于 $m=2$ 和 $m=5$ 之间的不确定性覆盖范围。当 $m \to 1$ 时，隶属度关系近似为硬分区，这意味着分界点 $x=0$ 的左右两边严格属于不同的类别。相反，当 $m \to \infty$ 时，成员关系是完全"模糊的"，这意味着在每个中心点重合模式的成员关系值被分配为 1，否则它们被分配为 $1/C$。然而，用一个精确的数字来描述它是相当反直觉的，因为"模糊性"的数量是很难准确表达的。同时，在大多数情况下，很难找到当前应用最适合的模糊系数 m。由于数据集的密度或噪声不同，对边界点的错误估计会导致数据点的错误分类。然而，如果能以某种方式同时包含模糊系数 m 的不同值,也许能够设计一个理想的最大模糊区域,如图 5.5 所示。与图 5.2 和图 5.3 不同的是,图 5.5 是使用代表不同模糊度的两个模糊系数 m_1 和 m_2 来绘制的,所建立的最大模糊区域是不确定的。因此,在模糊 C-means 聚类算法中,应该将不同类别的隶属度信息看成是不确定的(二型模糊的),而不是确定的(一型模糊的)。换句话说,不同类别的隶属度信息不应该像模糊 C-means 聚类算法中那样依赖单个特定的模糊系数 m。

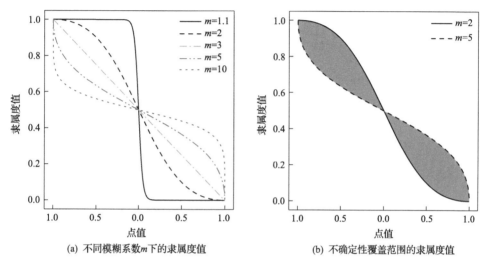

(a) 不同模糊系数 m 下的隶属度值　　　(b) 不确定性覆盖范围的隶属度值

图 5.4　不同模糊系数 m 下及不确定性覆盖范围的隶属度值示意图

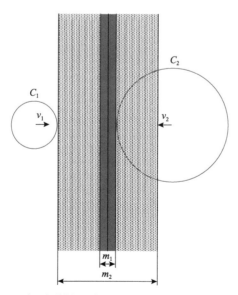

图 5.5　由不同模糊系数所产生的最大模糊边界示意图

因此对于聚类算法如模糊 C-means 聚类算法，为了减小不确定性对聚类过程的影响，在模糊 C-means 聚类算法的基础上同时合并模糊系数 m_1 和 m_2 的不同值，一个理想的区间二型模糊区域被设计出来，如图 5.4（b）所示。利用区间二型模糊系统来解决该问题，需要最小化两个目标函数：

$$J_{m_1}(U,v) = \sum_{i=1}^{N}\sum_{j=1}^{C} u_j^{m_1}(x_i)(x_i - v_j)^2$$

$$J_{m_2}(U,v) = \sum_{i=1}^{N}\sum_{j=1}^{C} u_j^{m_2}(x_i)(x_i - v_j)^2 \tag{5.13}$$

这将产生两个隶属度值，称为低隶属度值和高隶属度值，分别用符号 $\underline{u}_j(x_i)$ 和 $\bar{u}_j(x_i)$ 来表示，并且可用式（5.14）和式（5.15）来计算：

$$\underline{u}_j(x_i) = \min\left(\frac{1}{\sum_{k=1}^{C}\left(\dfrac{x_j - x_i}{x_k - x_i}\right)^{\frac{2}{m_1-1}}}, \frac{1}{\sum_{k=1}^{C}\left(\dfrac{x_j - x_i}{x_k - x_i}\right)^{\frac{2}{m_2-1}}} \right) \tag{5.14}$$

$$\bar{u}_j(x_i) = \max\left(\frac{1}{\sum_{k=1}^{C}\left(\dfrac{x_j - x_i}{x_k - x_i}\right)^{\frac{2}{m_1-1}}}, \frac{1}{\sum_{k=1}^{C}\left(\dfrac{x_j - x_i}{x_k - x_i}\right)^{\frac{2}{m_2-1}}} \right) \tag{5.15}$$

因为区间隶属度的存在，所以区间二型模糊集变为

$$V_{\tilde{X}} = \left[v^{\mathrm{L}}, v^{\mathrm{R}} \right]$$

$$= \sum_{u(x_1)\in I_{x_1}} \cdots \sum_{u(x_N)\in I_{x_N}} \frac{\sum\limits_{i=1}^{N} u^m(x_i)}{\sum\limits_{i=1}^{N} u^m(x_i)x_i} \tag{5.16}$$

式中，$\left[v^{\mathrm{L}}, v^{\mathrm{R}} \right]$ 为聚类中心点的值区间。计算聚类中心点首先对模式进行排序，然后应用 Karnek-Mendel 方法通过迭代得到最终结果。因为采取的是区间二型模糊集，在值区间中任意一个值的取值可行性都是相同的，那么聚类中心点用式（5.17）

计算：

$$v_j = \frac{v_j^L + v_j^R}{2} \tag{5.17}$$

在对二型模糊集反模糊化之后，对于隶属度值的硬划分采取式(5.18)的形式：

$$u_j(x_i) = \frac{u_j^L(x_i) + u_j^R(x_i)}{2}, \quad j = 1, 2, \cdots, C \tag{5.18}$$

式中，分子上的两项 $u_j^L(x_i)$、$u_j^R(x_i)$ 的计算方法为

$$u_j^L(x_i) = \frac{\sum\limits_{l=1}^{M} u_{jl}(x_i)}{M} \tag{5.19}$$

$$u_j^R(x_i) = \frac{\sum\limits_{l=1}^{M} u_{jl}(x_i)}{M} \tag{5.20}$$

其中，M 为项目 x_i 的维度；$u_{jl}(x_i)$ 在式(5.19)和式(5.20)中分别表示为

$$u_{jl}(x_i) = \begin{cases} \overline{u}_j(x_i), & \text{如果 } x_{il} \text{ 使用 } \overline{u}_j(x_i) \text{ 作为 } v_j^L \\ \underline{u}_j(x_i), & \text{否则} \end{cases} \tag{5.21}$$

$$u_{jl}(x_i) = \begin{cases} \overline{u}_j(x_i), & \text{如果 } x_{il} \text{ 使用 } \overline{u}_j(x_i) \text{ 作为 } v_j^R \\ \underline{u}_j(x_i), & \text{否则} \end{cases} \tag{5.22}$$

基于二型模糊集的模糊 C-means 聚类算法的最终流程如图 5.6 所示。考虑两个模糊系数相同的情况，即 $m_1 = m_2$，自然可以得到基于一型模糊的聚类算法，它的隶属度值没有任何不确定性。在这种情况下，此方法的结果与基于一型模糊集的模糊 C-means 聚类算法的结果完全相同，因为中心点更新和硬划分的结果与模糊 C-means 聚类算法的结果完全相同。因此，可以看出，此方法可以认为是一种广义形式的模糊 C-means 聚类算法。

5.1.5　基于二型模糊集的 C-means 聚类的关联规则挖掘方法

本节提出一种基于模糊二型 C-means 聚类的关联规则挖掘方法(图 5.7)，该方法首先通过模糊二型 C-means 聚类算法得到每个点的所有二型隶属度信息，进而采用面向模糊集的模糊 Apriori 算法对模糊二型 C-means 聚类算法的结果进行处

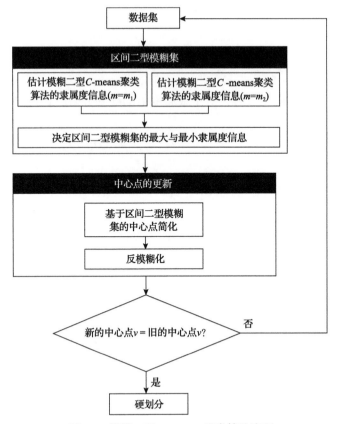

图 5.6　模糊二型 C-means 聚类算法流程

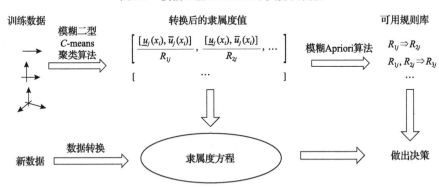

图 5.7　基于模糊二型 C-means 聚类的关联规则挖掘方法示意图

理，来得到有效的规则，具体提出的伪代码为算法 5.1。在该算法中，前七行实现了数据的预处理，各种维度的信息转换为指定的布尔值形式的分类并附带具体的隶属度值，之后的模糊 Apriori 算法是一种改进的标准 Apriori 算法，可以处理数值型数据。在计算支持度时，模糊 Apriori 算法与标准 Apriori 算法相同。也可以认为布尔型方法是模糊方法的特例，其中规则的隶属度值要么为 0，要么为 1。接下来需要对数据集中所有事务的计数值求和，并确定它们是否大于一个给定的最小出现次数，在该阈值中需要合适的数。使用最小算子来得到属于一个候选项集的整体支持度，然后对整个事务集进行求和，进一步看它是否大于设置的最小出现次数。在最后一步中，删除不满足最小置信度的规则来生成有效的规则。

算法 5.1　基于模糊二型 C-means 聚类的关联规则挖掘方法

输入：数据集，每个项目的聚类数，最小出现次数 minfreq，最小置信度 minconf

输出：所有满足条件的规则 L，每个模糊域的隶属度函数

1. 初始化 m_1、m_2，设置 $\delta = 10^{-6}$ 和初始化隶属度矩阵 U_i 使得所有项目的隶属度值求和为 1

2. for 对于数据集中的每个项目 do

3. 　repeat

4. 　　通过式 (5.16) 计算 $\left[v^L, v^R \right]$

5. 　　通过式 (5.14) 和式 (5.15) 计算 $\underline{u}_j(x_i)$ 和 $\overline{u}_j(x_i)$

6. 　until $\max\limits_{1 \leqslant i \leqslant C} \left(\left| U_{i\_\text{new}} - U_{i\_\text{old}} \right| \right) < \sigma$

7. 使用式 (5.17)～式 (5.20) 来计算最终的隶属度矩阵 U_i 和 v_j，接下来生成隶属度函数

8. for 所有的 j　do

9. 　$\text{count}_j = \sum\limits_{i=1}^{N} u_j(x_i)$

10. 　if $\text{count}_j \geqslant$ minfreq then

11. 　　将 (R_j, count_j) 一并放入 L_1

12. 设置 $r=1$

13. repeat

14. 　通过结合候选项集 C_r 中的项目生成候选项集 C_{r+1}

15. 　for 所有使得 $X \subset C_{r+1}$ 成立的 $x_1, x_2 \in X$ do

16. 　　if x_1, x_2 属于同一个项目 then

17. 　　　从候选项集 C_{r+1} 中删去

18. 　通过判断 C_{r+1} 中是否满足最小出现次数来生成 L_{r+1}

19. until L_{r+1} 不是空集

20. 通过删除不满足最小置信度的规则来生成有效的规则

5.1.6 模糊规则的正确性检验方法

关联规则挖掘领域关于规则的正确性检验方法是不多的，大多都是通过将规则直接应用于实际场景，再通过实际场景的反映实现规则的正确性检验。本节设计了一种模糊规则的正确性检验方法。它使用简单的留去法，即划分训练集和测试集的方法来检验规则的正确性。首先，将所有的事务集划分为不同比例大小的训练集和测试集；然后，将算法 5.1 作用在训练集上，再部署规则正确性检验方法，如算法 5.2 所示，在算法 5.2 的前五行，即隶属关系的硬划分阶段，测试集中的所有事务转化为布尔型数据集，算法剩下的部分用来测试由训练集产生的各个规则是否满足转换后的测试集的最小置信度，如果满足，便可认为由测试集产生的规则可以在较大程度上反映整个数据集的分布。除此之外，本方法也可进一步改进，如使用更加完备的交叉验证法等，在本方法的框架基础上，通过多次划分测试集和训练集来检验方法的正确性，本节不再赘述。

算法 5.2　规则的正确性检验方法

输入：提取出的所有规则，最小置信度 minconf，所有项目的各个模糊域 R_j 及其对应的聚类中心点 $v_1, v_2, \cdots, v_j$

输出：正确的规则

1.　for 测试集中的所有事务 do

2.　　for 每个事务的所有项目 do

3.　　　通过聚类中心点计算每个模糊域的隶属度值 $u_j(x_i)$

4.　　　if 对于 $k = 1, 2, \cdots, c$，$j \neq k$，满足 $u_j(x_i) > u_k(x_i)$ then

5.　　　　将 x_i 赋给聚类中心点 v_j

6.　　正确的规则数量←0

7.　for 所有规则 do

8.　　for 所有转换后的事务集 do

9.　　　待检测规则数和检测成功规则数分别设置为 0

10.　　　if 规则的前件在这条事务集中 then

11.　　　　待检测规则数←待检测规则数+1

12.　　　　if 规则的结果也在事务集中 then

13.　　　　　检测成功规则数←检测成功规则数+1

14.　　　if 检测成功规则数/待检测规则数 ≥ minconf then

15.　　　　正确的规则数←正确的规则数+1

5.1.7　实验验证

为了对算法有全面的比较，本节分别部署了基于模糊一型 C-means 聚类的关联规则挖掘方法（T1FARM）以及本节提出的基于模糊二型 C-means 聚类的关联规则挖掘（IT2FARM）方法。通过公开数据集对这两种方法进行详尽而且全面的对比。在参数选择方面，模糊系数 m 的最佳选择，即最优取值区间为[1.5,2.5]，通常选择 $m=2$。在本节的仿真验证中，对于 IT2FARM，设置 $m_1 = 1.6$，$m_2 = 2.4$；对于基于模糊 C-means 聚类的算法，设置 $m=2$。本节所有的实验均在 AMD Ryzen 5 3550H with Radeon Vega Mobile Gfx 2.10GHz, 16.0GB RAM 的硬件条件下运行，操作系统为 Microsoft Windows 10，运行环境为 Python 3.7。

用于实验验证的钢板制造故障数据集包含了 27 个指标，代表各种特征，包括几何形状及其轮廓。挖掘这些属性之间的规则对生产者和消费者都有很大的价值。数据驱动的隐藏知识发现可用于支持制造商对钢板的评估，从而可能提高其决策的质量和速度。在这两种算法的验证中选取了 11 个特征，分别是像素面积、X 周长、Y 周长、光度最小值、光度最大值、输送机长度、钢板厚度、边指数、空指数、方向指数、S 型区域，所有特征都被分为三类。多次运行算法并求取平均值来观察算法所产生的规则数量，图 5.8 中给出 T1FARM 与 IT2FARM 方法在最小出现次数为 350、400、450 下，最小置信度在 0.4～0.85 的规则数量。显然，本节提出的方法在不同最小出现次数和不同最小置信度下挖掘的规则数量都要高于基于一型模糊关联规则挖掘方法。

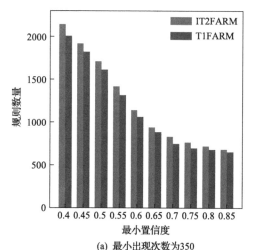

(a) 最小出现次数为350

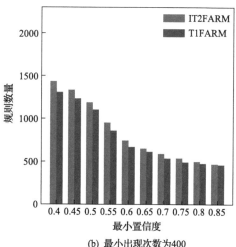

(b) 最小出现次数为400

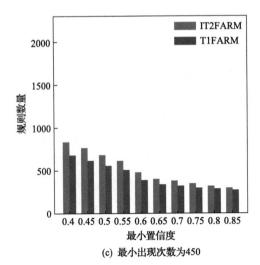

(c) 最小出现次数为450

图 5.8　不同最小出现次数和不同最小置信度下挖掘的规则数量

随机打乱所有事务，然后将训练集和测试集按照比例 9∶1 进行划分，正确的规则数量如表 5.1 所示。由此可见，当选择不同的最小出现次数时，IT2FARM 在正确规则的挖掘数目上明显高于 T1FARM，差别随着最小出现次数的增大而减小。

表 5.1　正确的规则数量

最小出现次数	200	300	400	500	600
T1FARM	5006	1265	502	272	111
IT2FARM	5609	1441	627	278	112

接下来，标定最小出现次数为 400，探索在不同最小置信度下不同算法在添加扰动之后的抗噪能力，这里将规则数量的变化（规则变化量）作为衡量指标。本节添加高斯分布的新事务集作为噪声集，其与原始数据集具有相同的均值和方差，并在数据集中加入不同比例的噪声，比较这两种方法产生的正确规则数量的变化。为了测试方法的抗噪能力，将噪声的比例设置为 5%、10%、15%，计算方法在不同噪声比例下产生的关联规则数量差值的绝对值。结果如图 5.9 所示，其中图 5.9(a)～(c)分别代表添加 5%、10%、15%比例噪声后规则变化量。实验证明，IT2FARM 在提取正确的规则数量以及在抗噪能力上都要优于 T1FARM。

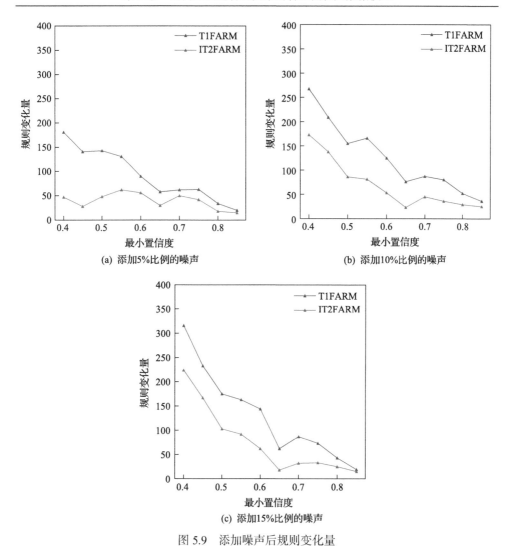

图 5.9　添加噪声后规则变化量

5.2　基于邻居信息修正的模糊关联规则挖掘方法

5.2.1　研究背景

本节将介绍基于邻居信息修正的模糊 *C*-means 聚类关联规则挖掘方法。考虑到算法的鲁棒性，设计一种新的基于邻居信息的鲁棒聚类算法，并与关联规则挖掘方法进行融合来实现鲁棒规则提取。同时，推导能够使设计的聚类算法收敛的计算方法。考虑到由聚类过程所产生的隶属度函数的无效涟漪片段，设计隶属度函数的修正方法，并对算法的有效性及抗噪能力进行验证。

基于聚类算法的关联规则挖掘方法通常是通过将数值事务聚类成布尔值来处理数据集，再使用布尔型方法进行挖掘。但是，数值数据往往会有大量且轻微的变化，这可能是数据采集过程中的误差或环境的干扰造成的，尤其是在制造过程中，随着全球化分工的日益深化，现代制造业产生的数据呈指数型增长，产生了多源、异构、复杂的制造数据，数据的轻微变动便会导致得到的关联规则发生很大的变化。因此，需要考虑关联规则挖掘中数据集的扰动。鲁棒聚类在过去一段时间中吸引了大量关注，它在很多领域都有着广泛的应用，如图像分割、伪造检测、医疗管理系统设计等，另外，聚类分析与鲁棒统计之间的联系也促进了鲁棒聚类分析的研究。但是目前这些方法大都用来检验原数据集中的离群点，而忽视了非离群点在受到微小扰动时的影响。本节提出一种基于邻居信息修正的模糊 C-means 聚类关联规则挖掘(refined fuzzy association rule mining, RFARM)方法，该方法在聚类过程中将每一项的最近邻信息作为正则化项代入优化问题的目标函数并求解。带有约束的模糊聚类算法在隶属度函数中会产生涟漪，这是关联规则挖掘无法解释的。为了解决这个问题，设计一种改进的 RFARM 方法(记为 RFARM*)，该方法采用划分参数字段的方法切割涟漪，只考虑切割后的部分区域属性，并且删除每个字段中每个点的其他无效隶属度值。本节在两个数据集上，分别对 RFARM* 与许多常用的算法(如非模糊法和经典模糊法)的性能进行详细、彻底的分析，通过 5.1 节中设计的正确性检验方法来对方法进行比较。仿真结果表明，与其他方法相比，本节中提出的方法不仅提高了算法的精度，而且具有更好的抗噪声能力。

5.2.2 基于邻居信息修正的模糊 C-means 聚类算法

5.1 节已经提到，基于模糊 C-means 聚类的方法在模式集上的性能要优于非模糊聚类算法，然而它也存在许多问题，例如，在面对噪声干扰时过于敏感等。由于受扰动数据集的影响，聚类结果会有很大的不同。对于基于聚类的关联规则挖掘方法，聚类过程中数据集的微小干扰可能会导致关联规则发生巨大的变化。然而，对于关联规则挖掘中聚类抗扰能力的研究还很少。为了解决这一问题，本节设计了一种方法，即在目标函数中考虑每个聚类点的 k 近邻信息，并将所有 k 近邻点的信息作为正则化器，用来缓冲由于某些值的微小突变而产生的变化。除了对 k 近邻样本进行压缩，还可以抵消不同样本之间的变化。为了显示新目标相对于原始目标的权重，引入系数 α、β 来分配其比例。所提出的目标函数定义为

$$J_m(U,V,k) = \alpha \sum_{i=1}^{N} \sum_{j=1}^{C} u_j^m(x_i) \left\| x_i - v_j \right\|^2$$
$$+ \beta \sum_{i=1}^{N} \sum_{j=1}^{C} u_j^m(x_i) \left\| M_i(k) - v_j \right\|^2 \tag{5.23}$$

且满足

$$\sum_{i=1}^{N} u_j(x_i) = 1, \quad j = 1,2,\cdots,C \tag{5.24}$$

式中，m 为模糊系数；α、β 分别为在目标函数中，每个点单独分配的权重和 k 近邻平均分配的权重；$M_i(k)$ 为对于第 i 个点其 k 近邻的均值坐标，通过式 (5.25) 计算：

$$M_i(k) = \frac{\sum_{n=1}^{k} x_{in}}{k} \tag{5.25}$$

显然，当 β 趋于零时，所提出的方法便趋近于经典的模糊 C-means 聚类算法。本节将聚类作为模糊关联规则挖掘方法的准备工作，并不采用聚类算法的最终结果（如果对于 $k = 1,2,\cdots,C$，$j \neq k$，$u_j > u_k$，那么 x_i 隶属于第 j 个聚类中心点），而采用其中间结果，聚类得到模糊隶属度矩阵和中心点值信息，最后采用模糊 Apriori 算法来处理模糊隶属度信息进而得到有用的模糊规则。为了求解这个凸优化问题，使用类似于标准模糊 C-means 聚类算法。首先构造拉格朗日方程：

$$J_m(U,V,\lambda_1,\lambda_2,\cdots,\lambda_C) = \alpha \sum_{i=1}^{N} \sum_{j=1}^{C} u_j^m(x_i) \left\| x_i - v_j \right\|_A^2 + \beta \sum_{i=1}^{N} \sum_{j=1}^{C} u_j^m(x_i) \left\| M_i(k) - v_j \right\|_A^2 + \sum_{j=1}^{C} \lambda_j \left(\sum_{i=1}^{N} u_j(x_i) - 1 \right) \tag{5.26}$$

接着将式 (5.26) 对 $u_j(x_i), v_j, \lambda_1, \lambda_2, \cdots, \lambda_C$ 求（偏）导并使其等于零，可以求得式 (5.27) 和式 (5.28)：

$$u_j(x_i) = \frac{\left[\alpha(x_i - v_j)^2 + \beta(M_i(k) - v_j)^2 \right]^{-\frac{1}{m-1}}}{\sum_{l=1}^{C} \left[\alpha(x_i - v_j)^2 + \beta(M_i(k) - v_l)^2 \right]^{-\frac{1}{m-1}}} \tag{5.27}$$

$$v_j = \frac{\sum\limits_{i=1}^{N} u_j^m(x_i)\big[\alpha x_i + \beta M_i(k)\big]}{\sum\limits_{i=1}^{N} (\alpha + \beta) u_j^m(x_i)} \tag{5.28}$$

通过反复迭代式 (5.27) 和式 (5.28)，可以求得原问题的解。点集的 k 近邻均值效果如图 5.10 所示，正则化项使邻域信息形成超球形，并且随着 k 的增大，正则化项变得更紧凑。取中间结果（隶属度矩阵和中心点矩阵）便可挖掘关联规则。本节所提出的基于鲁棒聚类的模糊关联规则挖掘方法伪代码见算法 5.3。其中，前九行表示通过改进的模糊 C-means 聚类算法产生隶属度矩阵和中心点矩阵的过程，最后通过模糊 Apriori 算法挖掘符合要求的关联规则。

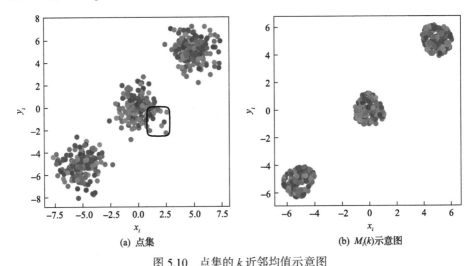

(a) 点集　　　　　　　　　　(b) $M_i(k)$ 示意图

图 5.10　点集的 k 近邻均值示意图

算法5.3　基于鲁棒聚类的模糊关联规则挖掘方法

输入：所有的数据，参数 α、β、k，模糊系数 m，最小置信度 minconf，最小出现次数 minfreq

输出：满足需求的所有正确的规则

1.　　初始化 m，设置 $\sigma = 10^{-6}$

2.　　for 数据集中的每个项目 do

3.　　　　初始化隶属度矩阵 U，使得对于每个项目所有隶属值的和为 1，即 $\sum\limits_{i=1}^{N} u_j(x_i) = 1$

4.　　　　寻找每个点 x_i 所对应的 k 个最近邻的点并且通过式 (5.25) 计算 $M_i(k)$

5.　　　　repeat

6.　　　　　　通过式 (5.27) 来计算隶属度矩阵 U

7.	通过式 (5.28) 来计算中心点矩阵 V
8.	until 阈值条件满足，即 $\max\limits_{1 \leqslant i \leqslant N}\left(\left\|U_{i\_\text{new}} - U_{i\_\text{old}}\right\|\right) < \sigma$ 或者达到某个设定的最大迭代次数 $I_{\max}$
9.	输出隶属度矩阵和中心点矩阵 (U, V)
10.	通过模糊 Apriori 算法来输出符合要求的关联规则

5.2.3　隶属度函数的修正

5.1 节中提出的模糊 C-means 聚类算法根据其目标函数的设置，可以得到每个点隶属于每个聚类中心点的隶属度值，这体现在式 (5.27) 和式 (5.28) 中。然而，由于约束 (5.24) 的存在，由上述方法所产生的隶属度函数会在聚类中心点产生涟漪，这在数据集中无法理解，尤其是低维度数据集。涟漪部分的幅值与模糊系数 m 密切相关，m 值越大，涟漪波动越剧烈。以一个人的考试分数为例，假如将其划分为低、中、高三类，那么由模糊 C-means 聚类算法产生的隶属度函数图像便如图 5.11 所示，在这个示例中，$m = 2$、3、4 所产生的隶属度函数图像分别对应图 5.11 (a) ～ (c)。当一个人的分数恰好在低分这一点时，这个分数隶属于高分集的隶属度值几乎为零。但是，比此分数更小的分数隶属于高分集的隶属度值反而要比这个低分高。这显然是有悖于常理的，类似的例子还有很多。显然，如果对这些涟漪置之不理，那么算法势必会影响关联规则挖掘的准确性。为了抵消或者减少由涟漪部分所产生的隶属度值的影响，大多数做法是对隶属度函数采取 λ-截集，即

$$U^{\lambda}(x) = \begin{cases} U(x), & U(x) \geqslant \lambda \\ 0, & \text{其他} \end{cases} \tag{5.29}$$

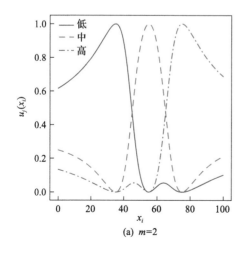

(a) $m = 2$

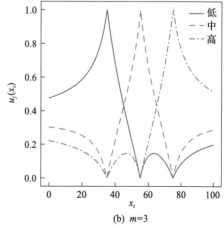

(b) $m = 3$

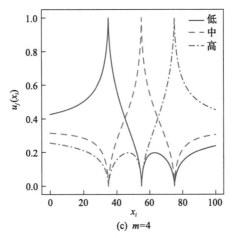

(c) $m=4$

图 5.11 模糊 C-means 聚类算法产生的隶属度函数图像

因为 λ 值是随意取的，这会导致一些潜在的参数选择问题。如图 5.12(a) 所示，如果 λ 值选取过小，那么涟漪依然存在，接下来的模糊规则挖掘过程依然难以解释。要使得涟漪完全消失，λ 要选取一个较高的值。为了求取这个 λ 值，可以将论域划分为两个部分，分别称为中间部分(记作 M)和两端部分(记作 E)，中间部分代表了聚类中心点之间的部分，而两端部分指的是在所有聚类中心点的两端，即小于最小的中心点、大于最大的中心点部分。两端部分是单调递增的，因此涟漪最大波动可以通过式 (5.30) 求取：

$$
\begin{aligned}
\sup_{x_i \in E} u_j(x_i) &= \lim_{x_i \to \infty} u_j(x_i) \\
&= \lim_{x_i \to \infty} \frac{\left[\alpha(x_i - v_j)^2 + \beta(M_i(k) - v_j)^2 \right]^{-\frac{1}{m-1}}}{\sum\limits_{l=1}^{C} \left[\alpha(x_i - v_l)^2 + \beta(M_i(k) - v_l)^2 \right]^{-\frac{1}{m-1}}} \\
&= \lim_{x_i \to \infty} \frac{\left[\alpha(x_i)^2 + \beta M_i^2(k) \right]^{-\frac{1}{m-1}}}{\sum\limits_{l=1}^{C} \left[\alpha(x_i)^2 + \beta M_i^2(k) \right]^{-\frac{1}{m-1}}} = \frac{1}{C}
\end{aligned}
\tag{5.30}
$$

对于中间部分，涟漪可以被理解为每个点隶属于除了它邻近的两个聚类中心点，其他中心点的隶属度值。模糊系数 m 决定了涟漪的赋值大小，即在中间部分，有

$$
\sup_{x_i \in M} u_j(x_i) = \lim_{m \to \infty} u_j(x_i) = \frac{1}{C}
\tag{5.31}
$$

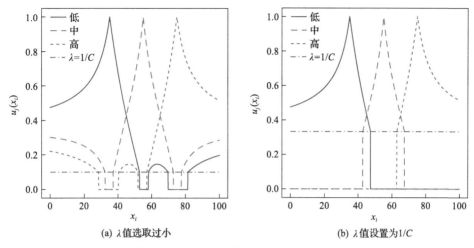

(a) λ值选取过小　　　　　　　　　　(b) λ值设置为1/C

图 5.12　不同 λ 取值下隶属度函数截集

　　为了完全消除涟漪，λ 的值应设置为 1/C，但如果这样设置，很多有价值的隶属度信息会被舍弃，会丢失很多有用的规则，如图 5.12(b) 所示。

　　本节提出一种方法，它不仅可以消除涟漪，同时还充分考虑了隶属度函数和中心点求取时的相互制约关系。首先根据中心点将由聚类所产生的隶属度函数划分为 1+C 个区间，对于每个点在每个区间上进行隶属度值取样；然后只考虑与这个点相邻的中心点的隶属度值。更仔细地讲，将所有的区间划分为两个两端部分和 C–1 个中间部分，对于两个两端部分，只考虑与之最接近的那个中心点的隶属度值，丢弃其他隶属度值；对于 C–1 个中间部分，只考虑其两端中心点的隶属度值。修正算法的伪代码为算法 5.4，算法的仿真结果如图 5.13 所示，其中图 5.13(a)～(c) 分别对应模糊系数 $m=2$、3、4 时所产生的隶属度函数图像。可见，通过本算法，仅原隶属度函数的涟漪被删去了，而其他正常部分保留了原来的值。

算法 5.4　隶属度函数的修正

输入：原始数据集 (U,V)

输出：修正后的隶属度矩阵 U^*

1.　　for 数据集的每一个项目 do

2.　　　　for 每个项目的每个实例 x_i do

3.　　　　　　if $x_i \leqslant V[1]$　then

4.　　　　　　　　对于 $l=2,3,\cdots,C$，$U_i^*[l]=0$

5.　　　　　　if $x_i \geqslant V[C]$　then

6.	对于 $l = 1, 2, \cdots, C - 1$，$U_i^*[l] = 0$
7.	if $V[j] \leqslant x_i \leqslant V[j+1]$，其中 $j \in \{1, 2, \cdots, C\}$　then
8.	对于 $l = 1, 2, \cdots, j-1, j+2, \cdots, C$，$U_i^*[l] = 0$

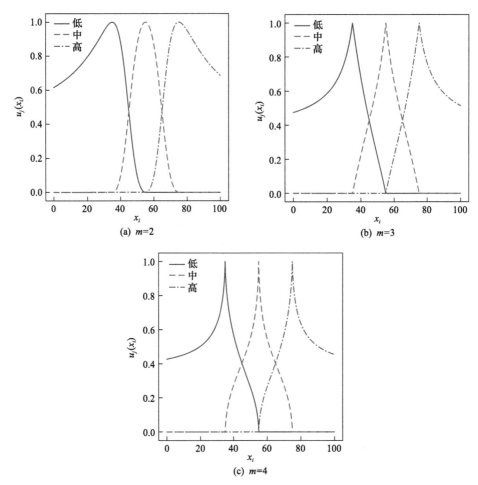

图 5.13　本节提出的方法所修正的隶属度函数图像

　　本节所提出的基于邻居信息修正的模糊关联规则挖掘方法的框架如图 5.14 所示，它使用改进的模糊 C-means 聚类算法进行鲁棒聚类，选取其中间变量作为模糊 Apriori 算法的输入，进行模糊关联规则的提取。当有新的数据输入时，可先根据聚类的中间结果进行硬划分，挑选出需要的项目并从规则库中选取规则进行决策的制定。

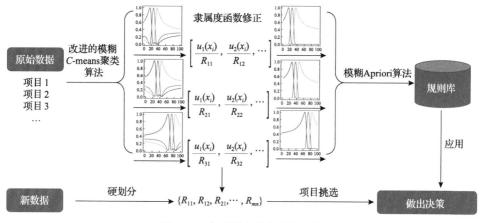

图 5.14　本节提出的方法的框架

5.2.4　实验验证

本节用两个制造业案例测试算法 5.3 和算法 5.4。两个案例数据集分别是钢板制造故障数据集以及制造业员工对工作环境的满意度数据集。可以通过数据驱动挖掘钢板制造故障数据集的隐藏知识，用于支持钢板生产商的评价，潜在地提高决策的质量和速度。该数据集已经在 5.1 节中阐述。第二个数据集是员工对工作环境的满意度数据集，在此情景下，工作环境、工资水平和员工之间的关联规则有助于决策者更好地安排劳动力，实现企业价值链的提升。这个数据集包含 3000 个事务，选择 5 个特征来测试算法。在这两个案例中，所有的特征都被分为三个类别。选取广泛使用的几种聚类算法来作为基准算法进行比较，包括基于 k-means 聚类的关联规则挖掘（KARM）方法，基于模糊 C-means 聚类的关联规则挖掘（FARM）方法。为了更好地展示本节中所设计的方法，对 FARM 进行隶属度函数的修正，即将算法 5.4 运用到 FARM 中，表示为 FARM[*]。同时，本节统一设置 $m=2$、$\alpha=0.99$、$\beta=0.01$，同时设置 RFARM 和 RFARM[*] 中的 $k=50$。本节所有的实验均在 Intel Core i5-9400F 2.90GHz、8.0GB RAM 的硬件条件下运行，操作系统为 Microsoft Windows 10，运行环境为 Python 3.7。

首先，为了证明本节所提两种方法的有效性，使用 5.1 节中设计的正确性检验方法来检查规则的正确性。简而言之，首先将原始数据集划分为训练集和测试集；然后，确定训练集中的最小置信度 minconf 阈值，并使用关联规则挖掘方法提取满足条件的规则；最后，验证这些规则在测试集上是否满足该置信度阈值，若满足设置的置信度阈值，则认为该规则是准确的。在 5.1 节的基础上，进一步考虑规则的准确度，因为在许多关联规则的应用场景中，如基于知识的系统或分类，规则的准确度是非常重要的。对于两个案例，统一设置训练集和测试集的大小为 80%和 20%，最小置信度 minconf 阈值为 0.7，同时使最小出现次数 minfreq 阈值设置为 200～500 不等。实验结果如图 5.15 所示，显然，在两个不同的案例中，所有的方法都具有较高的准确度，其中 KARM 方法的准确度在不同的最小出现次数下都是最低的。对于剩下的几种基于模糊聚类的方法，RFARM 方法和 FARM 方法结果相似，但要好于 KARM 方法，这是因为 RFARM 在聚类过程中考虑了邻居信息，减少了离群值对于数据集的影响进而提高了关联规则挖掘的质量。从修正隶属度函数的方法 RFARM* 来看，涟漪对于规则的正确性确实有很大的负面影响，对于隶属度函数的修正极大地提高了规则的正确性。

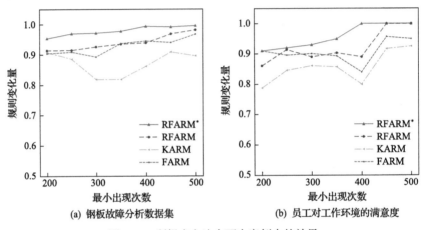

图 5.15　所提出方法在两个案例中的效果

　　为了验证这些方法的鲁棒性，本节通过以下规则来验证在数据集附加微小扰动时各种方法的敏感性。首先，将各种不同的方法应用于原始数据集并得到各个规则库；然后，在原始数据集中的部分添加标准高斯扰动，再将各种方法应用于新的含有扰动的数据集，针对各种方法都由两个数据集分别产生两个规则库；最后，通过规则变化量来观察各种方法的鲁棒性。为了给出清晰的定义，本节将由原始数据集挖掘出的关联规则库表示为 A，由添加了扰动的数据集产生的关联规则库表示为 B。那么规则库 C 可以用式 (5.32) 计算：

$$C = A \bigcup B - A \bigcap B \tag{5.32}$$

式中，C 表示 A 中相较于 B 中丢失的规则和 B 中相较于 A 中多出的规则的总和。令 $|C|$ 为规则库 C 中的数量。显然，$|C|$ 的值越小，方法的鲁棒性越强。

　　首先，将五种方法分别作用于两个不同的数据集；然后，在原数据集中随意挑选 25%的数据添加标准高斯噪声；最后，重新将五种方法作用于添加扰动后的数据集。在实验过程中，设置不同最小出现次数和不同最小置信度来保证实验结果的普适性。实验的结果如表 5.2、表 5.3 所示，其中，表格中的数字代表规则变

表 5.2　钢板故障数据集上各方法鲁棒性对比

最小置信度	最小出现次数为 500					最小出现次数为 600					最小出现次数为 700				
	FARM	FARM*	KARM	RFARM	RFARM*	FARM	FARM*	KARM	RFARM	RFARM*	FARM	FARM*	KARM	RFARM	RFARM*
0.40	1441	1008	3501	998	885	725	565	1986	662	418	372	302	1092	160	148
0.45	1276	884	3185	796	747	641	488	1772	538	349	369	296	1012	156	146
0.50	1153	783	2915	707	642	559	434	1610	464	298	333	271	920	141	125
0.55	987	726	2570	631	599	497	384	1473	496	258	292	238	848	114	107
0.60	861	654	2199	598	580	440	340	1269	374	244	244	204	723	99	93
0.65	790	605	1794	592	570	418	315	1031	369	241	229	185	615	99	93
0.70	736	586	1541	585	563	391	296	893	353	233	208	172	540	98	93
0.75	697	566	1318	560	540	373	281	755	342	221	191	158	453	91	85
0.80	657	525	1219	536	496	343	256	717	307	199	170	142	421	75	70
0.85	569	425	1046	431	390	292	198	627	248	147	141	118	375	57	53

表 5.3　员工对工作环境的满意度数据集上各方法鲁棒性对比

最小置信度	最小出现次数为 500					最小出现次数为 600					最小出现次数为 700				
	FARM	FARM*	KARM	RFARM	RFARM*	FARM	FARM*	KARM	RFARM	RFARM*	FARM	FARM*	KARM	RFARM	RFARM*
0.40	247	214	230	226	196	215	182	233	157	131	133	92	190	107	91
0.45	225	187	220	198	170	193	161	196	144	118	120	85	188	98	83
0.50	172	143	210	156	131	153	123	192	112	89	100	69	186	83	65
0.55	139	119	201	130	107	131	106	189	94	76	85	61	185	71	61
0.60	125	99	196	107	93	106	87	187	79	61	69	49	185	59	51
0.65	99	82	191	93	76	85	72	184	58	50	55	44	183	48	42
0.70	78	73	187	75	56	77	64	183	46	36	51	38	183	36	29
0.75	72	66	186	54	43	71	58	182	34	28	47	34	182	25	22
0.80	59	57	168	41	34	58	52	164	27	23	39	30	164	19	17
0.85	46	43	142	35	27	45	40	141	22	17	32	22	141	14	12

化量，即 $|C|$。$|C|$ 越小，方法的鲁棒性越强。两个案例均清晰地表明，基于 k-means 聚类的方法 KARM 是表现最差的，由于微小扰动，KARM 的结果发生很大的变化，这也表明了在处理扰动方面，基于非模糊聚类的方法相比于基于模糊聚类的方法表现更差。除此之外，从 FARM、FARM*、RFARM 与 RFARM* 的对比中，可以看出隶属度函数的修正在一定程度上减少了扰动的影响，同时可以看出本节提出的基于邻居信息的方法在所有实验以及各个参数的选择上都要优于改进前的算法。

5.3　基于分布式并行计算的模糊关联规则挖掘方法

5.3.1　研究背景

在前面工作的基础上，考虑到算法的时间复杂度和程序的可扩展性问题，本节设计一种基于分布式并行计算的模糊关联规则挖掘方法，通过外层并行化及内层并行化两个不同的粒度层面对算法进行设计，同时借鉴 Map-Reduce 的键值对范式，设计具体的实现方法，并采用多进程及 Docker 容器来模拟多个计算节点并对算法的有效性进行验证。

在大数据时代，传统制造业已不再是一个孤立的产业，其与互联网、农林牧、资本等领域紧密相连。此外，在大数据的背景下，制造业也与大家息息相关。传统制造业依靠大数据，可以根据时代的变化和需要，不断提高自身的创新能力和技术水平。而在大数据的帮助下，制造企业可以生产出更多满足消费者需求的产品，并可以根据消费者需求进行量化生产，在一定程度上避免产能过剩，减少企业生产的不必要损失和成本，使企业有更多的技术和研发资金，能够生产并进一步提高产品的附加值。

随着数据呈现爆发式增长的趋势，大多数数据挖掘算法都存在无法扩展到大数据集的问题，因为大多数算法在时间和空间上的计算成本都很高。数据挖掘算法的并行化是处理大规模数据的关键。为了实现大数据处理，数据挖掘算法的并行化非常重要。并行化是将计算分解为并行任务的过程，是将较大的问题分解成较小的、独立的、通常类似的部分，这些部分可以由多个处理器通过共享内存同时执行，即任务分发阶段，在完成后处理结果被合并成为整体算法的一部分，即任务收集阶段。并行计算的主要目标是提高可用的计算能力，以更快地处理应用程序和解决问题。并行计算基础设施通常位于单个数据中心内，其中多个处理器安装在服务器机架上；计算请求由应用服务器分发成小块，然后在每个服务器上同时执行。通常有四种类型的并行计算，即位级并行、指令级并行、任务级并行和超字级并行：

(1)位级并行通过增加处理器的字长减少了处理器必须执行的指令量。

(2)指令级并行是一种基于动态并行的硬件方法,处理器在运行时决定哪些指令可以并行执行。

(3)任务级并行是一种跨多个处理器的计算机代码并行化形式,它在同一数据上同时运行多个不同的任务。

(4)超字级并行是一种利用内联代码并行性的矢量化技术。此外,并行计算体系结构存在于各种各样的并行计算节点中,根据硬件支持并行性的级别进行分类。通常,会将并行计算体系结构和编程技术协同工作以有效利用这些计算资源。

并行计算体系结构类别通常有以下几种。

(1)核内并行计算,即每个处理核并行执行程序指令。处理核被集成到单个芯片封装中的多个模具或单个集成电路模具中,可以实现多线程、超标量、矢量或超长指令字(very long instruction word, VLIW)等架构。

(2)核间并行计算,即多个处理核互通信息并行执行程序指令。这种结构有两个或两个以上独立的同构处理器,由一个单一的操作系统控制所有处理器,并连接到一个共享内存。每个处理核都可以完全访问所有资源和计算节点。每个处理器都有一个私有的高速缓存内存,可以使用片上网格网络连接,并且可以在任何任务上工作,不管任务的数据位于内存的哪个位置。

(3)多计算机并行计算,即分布式系统组件位于不同的联网计算机上。这些计算机通过纯超文本传输协议(hypertext transfer protocol, HTTP)、类似远程过程调用(RPC)的连接器和消息队列通信来协调它们的操作。多计算机并行系统的显著特征包括组件的独立故障和组件的并发性,通常分为客户机-服务器架构、三层架构、n 层架构和点对点架构。

(4)大规模节点并行计算,即大量计算机或计算机处理器同时并行执行一组计算。一种方法是将几个处理器分组到一个结构紧密、集中的计算机集群中;另一种方法是网格计算,在网格计算中,许多广泛分布的计算机一起工作,并通过特殊的网络拓扑通信来解决特定的问题。

本节在 5.1 节和 5.2 节研究工作的基础上,设计一种基于分布式模糊聚类的关联规则挖掘方法,通过设计外层并行化和内层并行化,对方法进行整体的框架设计;针对实施方法,采用 Map-Reduce 的键值对范式来进行方法的具体设计;为了验证方法的有效性,采用上述实现体系架构中的核间并行计算和多计算机并行的方法,分别采用多进程、多虚拟机及 Docker 容器来搭建多个计算节点的环境,通过当前热门的分布式框架实现并行化处理来提高方法的整体运行速度。

5.3.2 模糊关联规则挖掘并行架构的设计

对于具有多维度、多模态、多数量等特征的大数据，现有的基于聚类的模糊关联规则挖掘方法不依赖数据的统计分布，可以有效地应用于先验知识较少的情况。

然而，大多数模糊关联规则挖掘方法都存在一个问题，即它们用于大数据量时会导致计算成本高昂，包括时间复杂度和空间复杂度。为了处理大数据，设计一种分布式模糊关联规则挖掘方法是至关重要的，该方法必须具有高效、可扩展性和高精度的特点。

本节所提出的分布式模糊关联规则挖掘(distributed fuzzy association rule mining, DFARM)框架如图 5.16 所示。通过内外层分布的结合，可以实现最佳分布式计算性能。下面详细描述如何实现分布式模糊关联规则挖掘方法。首先，从外层并行化的角度考虑整个算法，可以很显然地将整个问题看作两个部分，即模糊聚类过程和关联规则挖掘过程。在基于聚类的模糊关联规则挖掘中，模糊聚类过程需要多次进行，这取决于每个事务中项目的数量。显然，每个不同的模糊聚类过程之间是相互独立执行的，在关联规则挖掘过程之前，它们之间没有经过任何的信息交换。由于每个项目的独立性，可以将每个项目的不同模糊聚类过程分布

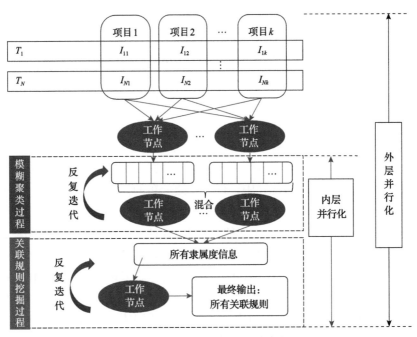

图 5.16 分布式模糊关联规则挖掘并行架构

到不同的计算节点上。将信息聚合在一起来挖掘关联规则，称为外层并行化，即在较粗粒度的外层进行并行化处理。这种外部层分布是至关重要的，特别是当每个事务中有许多项目时。

上述过程描述了整个算法的粗粒度分布。然而，从聚类算法的细粒度角度考虑，如果事务集条目过多或每个项目的维数过高，也会带来非常昂贵的计算成本。为了从细粒度的角度实现分布式操作，也可以将模糊聚类问题转化为迭代求解 v 和 u。首先，给定当前集群的中心点，即已知 v^k，则在计算 u^{k+1} 的过程中，每个计算节点之间不存在信息的通信；相反，只需要提供当前时刻的所有聚类中心点的值，即 $v_1^k, v_2^k, \cdots, v_C^k$，和每个事务集的原始数据，即 $x_1, x_2, \cdots, x_N$。因此，可以将求解每个 u_j^{k+1} 的步骤分配到不同的计算节点上来实现分布式并行求解。其次，在已知 u^{k+1} 的情况下，求解 v^{k+1} 时，公式的分子和分母都涉及所有事务数据的求和，这意味着不能像之前求解 u^{k+1} 那样求解 v^{k+1}。但是分子和分母中的每一个求和相对来讲都是相互独立的。这样，为了最大限度地利用分布式资源，可以在 Map 过程中添加分别计算分子和分母的部分，然后统一输出，最后在 Reduce 过程中只执行求和操作。5.4 节将详细描述如何利用编程范式来实现本节中所提出的分布式并行计算架构。

5.3.3　模糊关联规则挖掘并行计算的实现

体系框架固然重要，但分布式编程框架也是很重要的，因为其决定了分布式体系架构的资源利用率，并最终决定分布式计算的效率。在众多的分布式编程框架中，谷歌提出了一个名为 Map-Reduce 的计算范式，并将其集成到 Hadoop 系统中。该范式提供了一种分布式计算思维，即将并行部分与集成部分分离，称为 Map 过程，然后将所有分布式作业进行集成，称为 Reduce 过程。有很多机器学习方法应用了这个范例，Map-Reduce 计算范式的运行机制如图 5.17 所示。在这个范例中，一个大的任务被分成几个相同的子任务，然后分配多个工作节点来执行这些相同的子任务。分布式思想体现在 Map 操作中，在每个工作节点的 Map 操作之后，一个重要的步骤是将分布式计算的结果组合起来，称为 Reduce 操作。在整个分布式操作中，每个工作节点的输入形式为 $\langle$Key-Value$\rangle$，输出形式也与输入形式相同。然而，这种模式在每次迭代中从磁盘读取和写入数据，这将消耗大量的时间，包括自动数据分发和聚合的过程。在使用这种分布式范例时也存在上述提到的缺点，因此在分布式计算与额外的数据分发和聚合过程之间需要进行权衡。当事务集的总量非常大，而分给每个节点的计算量很少时，分布式计算带来的时间节省是完全无法抵消数据分发和聚合所带来的操作的。因此，Map-Reduce 计算范式可以带来好的结果。从实际应用的角度来看，若整个算法需要加速，则应该尽可能少地使用 Map-Reduce 计算范式。这允许在数据分发和聚合产生的可接受时间成本范围内对算法进行分布式加速。

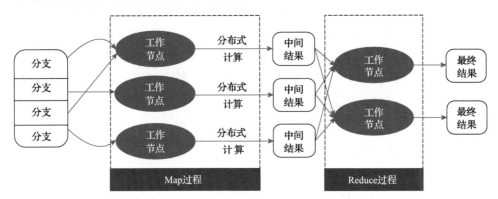

图 5.17　Map-Reduce 计算范式的运行机制

对于模糊关联规则挖掘并行计算的实现，可以通过将不同的项目分离到不同的节点上计算来完成外层的分布，然后不同的节点根据自己的情况使用内层的分布来完成整个结构。这个想法在逻辑上是可行的，但不能达到最佳的分布式计算性能。原因是每个项目之间的数据维数不同，并且每个项目的聚类中心点数量也不同，这将导致每个项目的隶属度矩阵和聚类中心点不同。当将小数据量和大数据量的项目分配给不同的节点时，肯定会出现分配给小数据量的节点已经完成了内层分布，而分配给大数据量的其他节点还没有完成的情况。因此，提前完成的计算节点必须等待其他节点完成，才能继续执行后续的模糊 Apriori 算法。

因此，如何在尽可能少且均衡的 Map-Reduce 任务情况下实现算法的外层和内层分布是当前的问题。结合 5.3.2 节中提出的算法框架，设计一种算法，在每次迭代中只需要一个 Map-Reduce 任务就可以完成整个算法的分布。

下面分别分析 Map 和 Reduce 的实现步骤。首先，对于 Map 步骤，考虑到 Map 步骤和 Reduce 步骤的输入和输出都是 $\langle$Key-Value$\rangle$ 这种键值对形式，将这个记录的标识符 "Key" 固定为项目标识符 i，其余的信息都被聚合到 "Value" 中，并用逗号分隔。然后在第 k 次迭代中设计一个记录的形式为

$$\left\langle i, \left\{ \mathrm{DN}, \mathrm{CN}, X_t, U_t^k, V_t^k \right\} \right\rangle \tag{5.33}$$

在实际应用过程中，将矩阵 X_t、U_t^k、V^k 平化成一维数组，其维数可以由 i、DN、CN 唯一确定。显然，可以由式 (5.33) 得到所有必要的信息。该记录是关于项目 i

的,可以得到项目 i 的维度数、聚类数和迭代中该记录的值、隶属度矩阵和聚类中心点。根据式(5.33)计算第 $k+1$ 次迭代的隶属度矩阵的全部信息。因此,可以分布式更新隶属度矩阵,从 U_t^k 更新到 U_t^{k+1} 后,该记录的形式可以写为

$$\left\langle i,\left\{\mathrm{DN},\mathrm{CN},X_t,U_t^{k+1},V_t^k\right\}\right\rangle \tag{5.34}$$

为了更好地利用分布式资源,可以在分布式并行化阶段的上一步基础上进行进一步的计算。更新 U_t 后,分子和分母的每一项均可分别由 X_t 和 U_t^{k+1} 进行计算。将此步骤的输出定义为 $\hat{V}_t^{k+1}$,这不是第 $k+1$ 次迭代中聚类中心点的最终结果。为了更清楚地描述,将 $\hat{V}_t^{k+1}$ 分解为

$$\hat{V}_t^{k+1}=\left[\hat{V}_{t,\mathrm{num}}^{k+1},\hat{V}_{t,\mathrm{den}}^{k+1}\right]^{\mathrm{T}} \tag{5.35}$$

可以得到

$$\hat{V}_{t,\mathrm{num}}^{k+1}=X_t^{\mathrm{T}}\left[U_t^{k+1}\right]^m \tag{5.36}$$

$$\hat{V}_{t,\mathrm{den}}^{k+1}=\left[U_t^{k+1}\right]^m \tag{5.37}$$

式中, $\hat{V}_{t,\mathrm{num}}^{k+1}\in\mathbf{R}^{\mathrm{DN}\times\mathrm{CN}}$, $\hat{V}_{t,\mathrm{den}}^{k+1}\in\mathbf{R}^{1\times\mathrm{CN}}$ 。现在这条记录被修改为

$$\left\langle i,\left\{\mathrm{DN},\mathrm{CN},X_t,U_t^{k+1},\hat{V}_t^{k+1}\right\}\right\rangle \tag{5.38}$$

到目前为止,Map 工作便已经结束。回顾前面的过程,可以发现所有并行化的步骤都被添加到 Map 作业中,以加快计算速度。此外,通过将 Key 设置为每个项的唯一标识符,可以集中处理并随意分配所有项的所有记录,而不是只将同一项的所有记录分配给同一节点。因此,可以消除由同步性所带来的计算资源浪费。

Reduce 任务会在部分 Map 任务完成后执行,与 Map 任务类似,Reduce 任务接收到的信息也是式(5.38)的形式。变量 i 是每个项的唯一标识符,所以很容易从不同的项中对记录进行分类,然后进行下面的求和操作:

$$V^{k+1}=\sum_t\hat{V}_{t,\mathrm{num}}^{k+1}\left[\sum_t\left(\hat{V}_{t,\mathrm{den}}^{k+1}\right)^*\right]^{\mathrm{T}} \tag{5.39}$$

式中,上角标*表示由原矩阵中每个元素的倒数组成的矩阵。最后,这些记录可以

写为

$$\left\langle i, \left\{ \text{DN}, \text{CN}, X_t, U_t^{k+1}, V_t^{k+1} \right\} \right\rangle \tag{5.40}$$

迭代执行上述设计的整个过程。终止迭代的条件是 U^k 与 U^{k+1} 之间的最大差值小于固定阈值，或者迭代次数达到最大值。在所有项目的模糊聚类过程完成后，采用 5.1.5 节提到的模糊 Apriori 算法得到模糊规则。

　　基于分布式模糊聚类的关联规则挖掘方法的伪代码见算法 5.5，其总结了上述所有过程，主要对 Mapper 函数和 Reducer 函数进行了详细的描述。在主函数中，前六行显示了所有记录每一个项目的规范化，在第七行将所有标准化的记录组装到分布式文件系统中。下面四行给出了算法最基本的部分，即迭代部分，其中所有计算节点都参与到分布式模糊聚类过程中，在程序最后对处理后的数据执行模糊 Apriori 算法。在整个算法中，通过集中、随机、均匀地处理所有事务中的每条记录来实现外层并行化。同时，将复杂且重复的计算分解为 Mapper 函数和 Reducer 函数，在每个准备好的计算节点上运行，实现内层并行化。

算法5.5　基于分布式模糊聚类的关联规则挖掘方法

输入：所有数据，每个项目的聚类数CN，模糊系数m，最小出现次数minfreq，最小置信度
　　　minconf

输出：所有符合要求的模糊关联规则

1.　　　初始化各个计算节点

2.　　　设置迭代的退出阈值 $\sigma = 10^{-3}$，并设置 $k=0$

3.　　　for 整个数据集中的每条记录 do

4.　　　初始化隶属度矩阵 U_i^k 使得所有数据的加和等于 1

5.　　　初始化 V_i^k

6.　　　标准化每条记录使得它们的格式如式 (5.33) 所示

7.　　　将所有标准化后的数据输入分布式文件系统

8.　　　repeat

9.　　　　$k = k + 1$

10.　　　运行 Mapper 程序和 Reducer 程序并读取程序的输出结果

11.　　　until　$\max_{1 \leqslant t \leqslant \text{DN}} \left\{ \left\| U_t^{k+1} - U_t^k \right\| \right\} < \sigma$ 或者达到最大迭代次数阈值 $I_{\max}$

12.　　　输出每条记录

13.　　　使用模糊 Apriori 算法来对输出的隶属度矩阵以及聚类中心点信息进行关联规则挖掘

Mapper函数:

1.　　for 每条记录 do

2.　　　　运行如式(5.33)~式(5.37)所示操作

3.　　　　以式(5.38)所规范的形式对中间结果进行输出

Reducer函数:

1.　　for 每条记录 do

2.　　　　将所有 Mapper 函数产生的数据收集起来

3.　　　　运行如式(5.39)所示操作

4.　　　　以式(5.40)所规范的形式对最终结果进行输出

5.3.4　实验环境介绍

1. 多进程环境搭建

在计算机系统中,多线程是一种程序执行技术,它允许单个进程拥有多个代码段(如线程)。多线程应用程序是具有两个或多个并发运行的线程组成的应用程序,故它也称为并发。从本质上讲,Python 是一种线性语言,但是当需要更高的处理能力时,线程模块会派上用场。虽然 Python 中的线程不能用于并行 CPU 计算,但它非常适合 I/O 操作,如 Web 抓取,因为处理器处于空闲状态等待数据。对于 Python,通常在多个线程使用或修改线程之间通用的变量时,必须使用全局解释器锁(global interpreter lock, GIL),GIL 并不是 Python 所独有的,却是实现 Python 语言底层,即解释器层的 Python 所引入的概念。每当函数想要修改变量时,它就会锁定该变量;当另一个函数想要使用某个变量时,它必须等到该变量解锁。而在 Python 语言解释器层中,同一时刻只能允许一个线程运行,反而无法体现多核并行计算的优势。

如果没有多进程,Python 程序由于全局解释器锁定而无法最大化系统的计算资源。Python 的设计考虑到个人计算机可能有多个处理核,因此 GIL 是必要的,因为 Python 不是线程安全的,并且在访问 Python 对象时存在全局强制锁定现象。对于 CPU 密集型运算,多线程并不是好的解决方案。

本节首先通过 Python 语言的 multiprocessing 包搭建多进程环境,创建可以并发运行(绕过 GIL)并使用整个 CPU 内核的程序。虽然它与线程库有根本的不同,但语法非常相似。多进程库为每个进程提供自己的 Python 解释器和 GIL。因此,与线程相关的常见问题(如数据损坏和死锁)不再是问题。进程不共享内存,它们无法同时修改相同的内存。使用包中的进程池(pool)类创建一个进程池,来对可以提交计算任务的工作进程进行管理,它支持带有超时和回调的异步操作,并且实现一个并行的 Map 任务,代码如下:

```
1  from multiprocessing import Pool
2  def Mapper():
3      ...
4  def Reducer():
5      ...
6  with Pool(5) as p:
7      Mapper_ouput = p.map(Mapper, all_record)
8  Final_output = Reducer(Mapper_output)
```

首先编写 Mapper 函数和 Reducer 函数，再将 Mapper 函数通过 pool 类的 Map 函数一一映射到处理好的记录信息上；然后将函数所产生的中间记录进行收集，一同送入 Reducer 函数，实现多进程环境的搭建。

2. 多虚拟机的 Hadoop 环境搭建

虚拟机(virtual machine, VM)是指具有完整硬件系统功能的计算机系统，由软件模拟并在完全隔离的环境中运行。目前，流行的虚拟机软件包括 VMware（VMware ACE）、Virtual Box 和 Virtual PC，它们可以在 Windows 系统上创建多台虚拟计算机，每台虚拟计算机都可以独立运行并安装各种软件和应用程序。

VMware Workstation 是 VMware 公司的商业软件产品之一。这款工作站软件包括一套适用于 Intel x86 兼容计算机的虚拟机，允许用户同时创建和运行多个 x86 虚拟机。每台虚拟机都可以运行用户为其指定安装的操作系统，常见的系统有 Windows、Linux 和伯克利软件套件(berkeley software distribution, BSD)变体。简单来说，VMware 工作站允许一台真实的计算机在单个操作系统中打开并同时运行多个操作系统。运行主进程的计算机和操作系统称为宿主机。在虚拟机上运行的操作系统实例称为虚拟机客户机。与仿真器相同，VMware Workstation 向客户操作系统提供一套完全虚拟化的硬件。例如，客户端只检测 AMD 的 PCNet 适配器，而不考虑主机交易商和生产实际安装在模型上的网络适配器。VMware 虚拟化了虚拟环境中的所有设备，包括视频适配器、网卡和硬盘适配器。它还为 USB、串行和并行设备提供了路径驱动程序，将对这些虚拟设备的访问传递给实际物理设备的驱动程序。

首先使用 VMware Workstation 创建好三个虚拟机环境，系统全部配置为 Ubuntu 18.04 Desktop 版本。除了系统保持一致，分别为各个系统安装 Openjdk-8 和 Hadoop-2.8.3 并将其写入环境变量。为了方便管理，将三个虚拟机分别命名为

master、worker1、worker2。各个虚拟机之间进行通信需要用到 SSH，所以要安装 SSH 的服务端,以允许外部主机通过 SSH 远程连接到本地主机。然后需要对 Hadoop 的配置文件进行特定的修改，包括 "core-site.xml" "hdfs-site.xml" "mapred-site.xml" 与 slaves 等文件。如图 5.18 所示，在按照上述步骤配置完三台虚拟机后，便可以使用多台虚拟机的伪分布式集群运行 Hadoop。

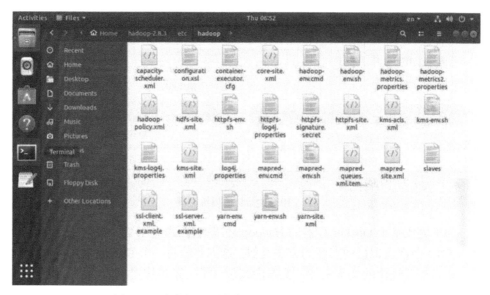

图 5.18　在虚拟机上搭建 Hadoop 环境的文件和配置

3. 基于 Docker 容器的 Hadoop 环境搭建

Docker 容器技术于 2013 年作为一个开源 Docker 引擎推出。它利用了现有关于容器的计算概念，特别是在 Linux 系统中，称为 cgroup 的原语。Docker 的技术是独一无二的，因为它以开发人员和系统操作人员的需求为导向，将应用程序依赖与基础设施分离开来。由于 Docker 搭载了各类本地服务和产品，许多产品或者服务的提供商都在利用 Docker 来提供容器。此外，领先的开源无服务器框架也利用了 Docker 容器技术。容器和虚拟机有相似的资源隔离和分配优势,但功能不同，因为容器是虚拟化操作系统而不是硬件。容器更方便管理，效率更高。二者的运行原理如图 5.19 所示。虚拟机是物理硬件的抽象，它将一台服务器转换为多台虚拟的服务器。管理程序允许在一台机器上运行多个虚拟机。每个虚拟机包含一个完整的操作系统、应用程序、必要的二进制文件和库,这要占用很多的内存空间。同样，由于其内存及构造等原因,虚拟机启动也可能很慢。而容器是应用程序层的一个抽象，它将代码和一些依赖文件打包在一起。多个容器可以运行在同一台机器上，并与其他容器共享操作系统内核，每个容器在用户空间中作为独立的进程运行。容器比虚拟机占用更少的空间(容器镜像通常只有几十兆大小)，可以处理更多的应用程序，需要更少的虚拟机和额外配置的操作系统。

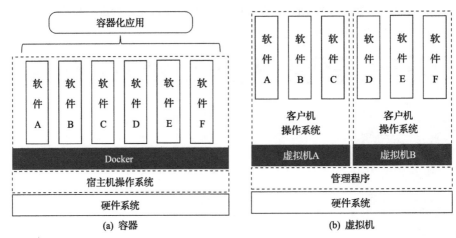

图 5.19　容器与虚拟机原理

　　为了完成基于 Docker 容器的 Hadoop 环境搭建，需要对镜像进行特殊化定制，这与 5.3.4 节在虚拟机中安装的方法类似。这需要编写一个 Dockerfile 文件，它是一个用来构建镜像的文本文件，文本内容包含了一条条构建镜像所需的指令和说明。Dockerfile 文件的主要内容包括：首先拉取 Ubuntu 18.04 基础镜像，然后在基础镜像中安装 Openssh-server、Openjdk 等基础依赖软件，接着是 Hadoop 2.10.1 版本的下载和环境变量的配置，在搭建完 Hadoop 配置后，将 Docker 镜像保存下来。大致代码如下所示：

```
1   FROM ubuntu:18.04
2   WORKDIR /root
3
4   # install openssh-server, openjdk and wget
5   RUN apt-get update && apt-get install -y openssh-server
                              openjdk-8-jdk wget
6   # install hadoop 2.10.1
7   RUN wget https://mirrors.tuna.tsinghua.edu.cn/apache/hadoop/
                         common/hadoop-2.10.1/hadoop-2
                         .10.1.tar.gz && \
8       tar -xzvf hadoop-2.10.1.tar.gz && \
```

```
9        mv hadoop-2.10.1 /usr/local/hadoop && \
10       rm hadoop-2.10.1.tar.gz
11   #设置环境变量
12   ...
13   # SSH无密钥登录
14   ...
15   #配置Hadoop环境
16   ...
17   #保存图像
18   ...
```

待创建完镜像之后，可以通过指令查看 Docker 镜像库存，如下面代码块所示，当前系统中所含有的 Docker 镜像包括三个，每个镜像均有镜像名称、镜像版本、镜像唯一标识、镜像创建时间及镜像大小。接下来要使用的镜像为 jinxianwu/hadoop:2.4。

```
1   root@localpc:/home/master docker images
2   REPOSITORY         TAG       IMAGE ID       CREATED        SIZE
3   nginx              latest    4cdc5dd7eaad   1 months ago   133MB
4   jinxianwu/hadoop   2.4       14070bdbfa2b   2 months ago   2.32GB
5   ubuntu             18.04     3339fde08fc3   10 months ago  63.3MB
6   root@localhaha:/home/master
```

在镜像创建完之后，编写一段脚本创建一个 Docker 容器来搭载刚刚创建的 jinxianwu/hadoop:2.4 镜像，并进入镜像内部，代码如下：

```
1   sudo docker rm -f hadoop-master &> /dev/null
2   sudo docker run -itd \
3                   -m 1G \
4                   --net=hadoop \
5                   -p 50070:50070 \
6                   -p 8088:8088 \
7                   --name hadoop-master \
8                   --hostname hadoop-master \
9                   jinxianwu/hadoop:2.4 &> /dev/null
10  sudo docker exec -it hadoop-master bash
```

在第四行，通过代码指令使所有镜像都通过 Hadoop 网桥连接。至此，基于 Docker 容器的 Hadoop 环境搭载完成，在镜像内部系统便可以对其进行特定任务构建与操作。

5.4 智能制造管理决策应用案例

5.4.1 智能制造动态调度场景及策略

本节将对 5.1 节～5.3 节所述的关联规则挖掘方法进行具体的应用案例分析。智能制造系统调度优化的目标是利用调度策略来合理分配人工作业和机器作业，降低生产成本，提高生产效率。选取制造系统完成当天生产计划所需的总时间、总成本和设备利用率作为优化目标。以最短加工时间优先、最少加工成本优先、最大设备利用率优先的规则设计组合式调度规则。定义某时刻某工序决定人工作业或者机器作业的综合优先级如式(5.41)所示：

$$P = \sum w_i k_i = w_1 k_1 + w_2 k_2 + w_3 k_3 \tag{5.41}$$

式中，w_i 为调度规则 i 对应的权重系数，约束条件为权重系数之和等于 1；k_i 为调度规则 i 确定的工件优先级。若综合优先级 $P > 0$，则选择机器设备完成该道工序；若 $P < 0$，则选择人工完成该道工序。

5.4.2 智能制造动态调度实验分析

实验选取 122 天的智能制造生产状态数据，每天的数据内容包括 32 道可调度工序，如压合机、螺丝机、贴标机、镭雕机、组装机、封箱一体机等，每道工序包含 24h 的人工 CT(生产节拍)、设备 CT、人工成本及设备成本。处理所获取的生产数据，采用混料实验设计生成调度策略的最优样本集 $\chi = \left\{ x_j, y_j \mid x_j \in \mathbf{R}^n, \right.$ $\left. y_j \in \mathbf{R}^m, j = 1, 2, \cdots, M \right\}$，其中 $x_j = \left[x_{j1}, x_{j2}, \cdots, x_{jn} \right]^{\mathrm{T}}$ 为第 j 输入样本，$n=128$ 表示 32 道工序对应的 128 个生产状态特征，$y_j = \left[y_{j1}, y_{j2}, \cdots, y_{jn} \right]^{\mathrm{T}}$ 为第 j 个样本对应的不同调度规则权重输出，即当前生产状态下对应的最优权重系数，$m=3$ 表示组合式调度中有三个规则。数据样本总量 $M=121$，设置训练数据 101 个，测试数据 20 个，通过训练调度模型，可得到生产状态与调度规则权重之间的非线性映射关系。最终将训练完成的模型应用于在线调度，以智能制造系统实时生产状态数据为输入，输出满足调度目标的策略，整体过程如图 5.20 所示。

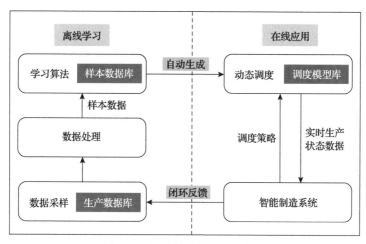

图 5.20　智能制造数据训练模型

5.4.3　动态调度权重预测结果分析

在调度模型的学习过程中，本节实验采用增量型极限学习机(incremental extreme learning machine, I-ELM)、SVM、宽度学习系统(broad learning system, BLS)和基于衰减正则化项的增量型极限学习机(adaptive regularized incremental extreme learning machine, ARI-ELM)四种对比算法。SVM 的核函数及 I-ELM 的激活函数均选 $k(x,x')=\exp\left(-\|x-x'\|^2\big/(2\xi^2)\right)$，其中 ξ 取值为 1，I-ELM 的最大隐节点数为 30。BLS 的特征节点数和增强节点数分别设为 50 和 10。ARI-ELM 中激活函数为 sigmoid 函数，正则化衰减系数为 100，输入矩阵和偏差均取自随机均匀分布[–1,1]，最大隐节点数为 30。

为了分析不同模型在预测调度规则权重上的有效性，本节对比了 SVM、BLS、I-ELM 及 ARI-ELM 四种算法预测结果对应的时间性能、成本性能、设备利用率。如图 5.21 所示，相较于 SVM、BLS 及 I-ELM，ARI-ELM 预测得到的调度决策在总时间和总成本上能达到稳定且较低的水平，同时保证了较高的设备利用率，符合调度策略中最短加工时间优先、最少加工成本优先、最大设备利用率优先的规则。

此外，模型的回归评价指标均方根误差(root mean square error, RMSE)、平均绝对百分误差(mean absolute percentage error, MAPE)、确定系数 R^2 如表 5.4 所示，相较于 SVM、BLS、I-ELM，ARI-ELM 的调度规则权重预测模型的均方根误差分别减小了 0.0553、0.1320、0.0294，平均绝对百分误差分别减小了 4.23、6.29、3.01，确定系数分别增大了 0.0627、0.1115、0.0388。以上比较说明 ARI-ELM 模型对调度规则权重的预测是高效稳定的。

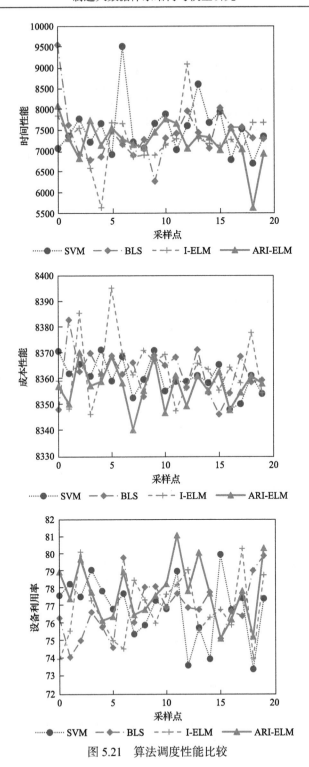

图 5.21 算法调度性能比较

表 5.4　算法的回归评价指标比较

预测模型	RMSE	MAPE	R^2
SVM	0.1974	18.31	0.7342
BLS	0.2741	20.37	0.6854
I-ELM	0.1715	17.09	0.7581
ARI-ELM	0.1421	14.08	0.7969

第6章　面向全周期增值服务的产品服务大数据模型

管理流程的大数据模型有效地提供了详细的过程监控和管理手段，保证了生产过程的高效与质量。然而，制造企业的使命并不仅在于产品的生产和管理，更在于为客户提供全周期的增值服务。因此，如何利用大数据技术提升产品服务的质量和效率，成为制造企业亟待解决的重要问题。本章将探讨面向全周期增值服务的产品服务大数据模型，具体内容包括基于制造大数据的制造企业预测型维修服务方法、基于自适应增强（self-adaptive multiplicative model estimation, SAMME）的分类回归树（CART）算法的产品增值服务大数据建模方法、制造过程中不平衡故障数据的多级优化故障诊断模型、基于 KNN-RF-SVM 大数据建模及其在产品销售预测领域的应用、基于制造业大数据的船舶建造计划优化方法以及基于粒子群优化灰色模型的工业大数据预报警方法。这些探讨为制造企业在全周期增值服务中的大数据应用提供理论支持和实践指南，助力企业实现全方位的客户满意度提升和服务价值的最大化[45,47-50]。

6.1　基于制造大数据的制造企业预测型维修服务方法

本节提出一种基于制造大数据的制造企业预测型维修服务方法，企业服务器汇聚用户上传及设备实时数据，经清洗后，利用 Hadoop 中的 HDFS 进行存储并采用 Map-Reduce 进行分析，LR 模型构建后，结合似然函数评估概率，预测故障类别。预测结果通知邻近维修点，频繁故障反馈至生产部门优化。本节根据大数据分析，对于频繁发生故障的技术点，及时反馈给生产部门，以便改进以提高产品质量。这使得售后维修服务开展有所依据，加快了维修服务的效率，也提升了产品公司的服务竞争力。

6.1.1　增值服务模型描述

工业 4.0 引发了制造业的重大变革，自动化改革在制造业中广泛应用。大量设备供应商为制造企业的转型提供技术支持，众多设备集成商竞争激烈，期望在这个过程中获得持续的收益。然而，随着设备市场的竞争加剧，各设备供应商在行业的技术优势将逐渐减弱，服务能力将成为企业的核心竞争力。其中，售后服务作为企业服务的主要内容，其重要性日益突出。因此，如何提供更具竞争力的售后服务已成为设备集成商思考的重要问题。增值服务模型主要的建模方向有两个。

（1）全周期产品服务主体及数据模型：从仓储、配送、备件、保养、维护、翻新到报废、回收处理等多方面增值服务出发，产品服务数据首先应包括运行状态、在线健康监测、故障诊断预警、维修计划、服务评价等针对人财物产供销的全样本、全价值链产品服务数据，交易服务、金融服务、配送服务数据，以及在线租用、按使用付费等新型服务数据。还应包括设计、管理、制造等业务域中能够对产品服务产生影响的相关数据。

（2）面向全周期增值服务的数据关系模型：现有的产品服务数据模型没有建立和设计、制造、管理等业务域的关联关系，无法建立面向全周期增值服务的产品服务大数据模型。因此，需打通服务和其他业务域之间的通道，建立数据关联关系。例如，建立服务业务域与设计业务域的关联关系，实现面向客户需求的定制化方案设计，使产品服务大数据模型指导企业的服务升级，提高服务质量。

目前制造业产品的维修服务为被动型服务，其基本流程是：首先顾客向维修站点反馈产品发生了故障，需要维修；然后维修站点安排维修人员上门检查维修，替换零部件等；最后由维修站点人员记录维修情况。整个过程需要耗费大量的人力、物力、时间成本在检查故障类型情况上。低效率的维修有时候还不能保证顾客满意。针对上述问题，本节提出一种高效的基于制造大数据的制造企业预测型维修服务方法。

6.1.2　增值服务模型设计

针对 6.1.1 节提出的问题，本节设计如下技术方案：企业内部服务器收集用户上传的数据或控制系统实时上传的运行代码和参数变化，将收集的数据进行清洗，再通过 HDFS 进行存储并使用 Map-Reduce 进行运算分析，采用 LR 模型对数据进行建模，将 LR 模型得到的概率值代入似然函数并计算结果，达到预测故障类型的目的；预测的故障类型发送给就近的维修站点，而频繁的故障反馈给生产部门。

制造企业预测型维修服务方法的原理流程如图 6.1 所示，具体步骤如下：

（1）所有出厂时带有唯一标识码的产品均与生产部门的数据收集服务器建立连接，服务器收集用户上传的数据、信息或控制系统实时上传的运行代码和参数变化；

（2）对从步骤（1）服务器收集到的数据进行清洗，清洗后的数据存入 HDFS；

（3）针对步骤（2）所得清洗后的数据进行建模及分析，预测得出故障的类型；

（4）对于无法预测的故障类型，交由维修部门资深工程师在线阅览和讨论故障数据，确定维修方案；

(5)将预测的故障类型发送给就近的维修站点,维修站点即可在线维护或者上门针对性地维修。

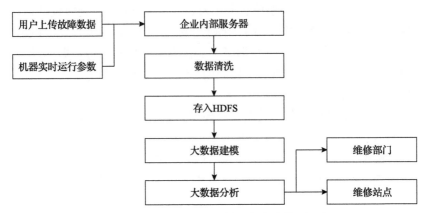

图 6.1　制造企业预测型维修服务方法的原理流程

6.1.3　增值服务模型建立

将用户上传的故障数据和机器实时运行的参数数据收集后,存入企业内部的服务器中。在内部服务器中采用不同的规则对数据进行清洗后存入 HDFS 中。采用机器学习算法建立一个预测模型。

数据清洗的流程如图 6.2 所示,具体步骤如下:

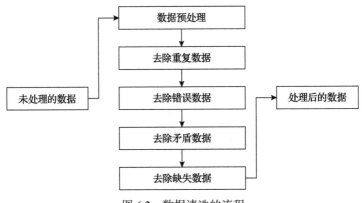

图 6.2　数据清洗的流程

(1)数据预处理,即将收集的数据进行分类或分组前所做的审核、筛选、排序处理;

(2)去除重复数据,即去除数据的重复项,避免数据的冗余;

(3)去除错误数据,即删除不符合业务规则逻辑的错误数据,保证数据的正确性；

　　(4)去除矛盾数据，避免分析时出现逻辑错误；

　　(5)去除缺失数据，即采用 SQL 语句查询数据项中含有缺失元素的数据项，保证每一项均可正确参与运算分析。

　　预测建模具体过程如下。

　　将步骤(2)所得清洗后的数据采用 LR 方程进行建模，将各项故障自变量进行线性组合得到一个因变量值，形式为

$$\theta_0 + \theta_1 x_1 + \cdots + \theta_n x_n = \sum_{i=1}^{n} \theta_i x_i = \theta^{\mathrm{T}} x \tag{6.1}$$

式中，$x_i (i=1,2,\cdots,n)$ 为造成该类型故障的 n 种因素；$\theta_i (i=1,2,\cdots,n)$ 为样本训练拟合出的参数值，代入 sigmoid 函数可将线性组合的值转换为概率，形式为

$$h_\theta(x) = g\left(\theta^{\mathrm{T}} x\right) = \frac{1}{1 + \mathrm{e}^{-\theta^{\mathrm{T}} x}} \tag{6.2}$$

式中，$-\theta^{\mathrm{T}} x$ 无论取什么值，其结果都在[0,1]的区间内，故障类型分类问题有两种答案，一种为"是该类型故障"，另一种为"非该类型故障"，"0"对应"非"，"1"对应"是"，根据设定的阈值来判断由众多因素自变量产生的结果是属于"0"还是属于"1"。将输入值转换为概率之后，利用似然函数

$$L(\theta) = \prod_{i=1}^{m} P(y_i \mid x_i; \theta) = \prod_{i=1}^{m} \left(h_\theta(x_i)\right)^{y_i} \left(1 - h_\theta(x_i)\right)^{1-y_i} \tag{6.3}$$

求得属于某类故障的可能性，$P(y_i \mid x_i; \theta)$ 表示因素 x_i 在线性拟合的参数 θ 下求得 $y=1$ 或 $y=0$ 的概率，其中 $y_i (i=1,2,\cdots,n)$ 取值有两种，即 0 或 1，表示若因素 $x_i (i=1,2,\cdots,n)$ 是造成该故障的因素，y_i 取 1，否则取 0。对于二分类任务，y 取 0 时保留 $\left(1 - h_\theta(x_i)\right)^{1-y_i}$，$y$ 取 1 时保留 $\left(h_\theta(x_i)\right)^{y_i}$，将所有因素的概率相乘，得到的结果超过 0.5 则认为可能是该类型故障。

6.2　基于 SAMME-CART 算法的产品增值服务大数据建模方法

　　本节以 CART 决策树算法和 SAMME 算法为基础，构建一种用于预测超声波流量计故障类型的多分类模型(SAMME-CART 算法)，其性能优于单一算法模型。

　　售后增值服务，尤其是维修服务，对产品的生命周期价值具有显著的增值效

应，准确且及时的故障类型预测至关重要。然而，现有的故障预测模型大多采用单一算法，忽视了其局限性。超声波流量计是一种无须接触被测流量的仪器，具有高精度的特点，适用于液体、气体和多相混合物的测量，且几乎不受被测介质参数的影响。因此，超声波流量计在化工、石油等领域得到了广泛应用。然而，由于各种因素的影响，超声波流量计可能会出现失准现象，如果不及时调整，可能会给企业带来巨大损失。

面对全球制造业的激烈竞争，超声波流量计制造商的产品利润日益减少。许多制造商正在从产品供应商转变为产品和服务供应商。通过在超声波流量计产品售后服务中提供准确预测超声波流量计故障及故障类型的增值服务，可以增加相关超声波流量计制造企业的产品利润，加强企业与客户的关系，提高客户忠诚度。因此，本节将 SAMME 算法和 CART 决策树算法结合，构建一个对超声波流量计进行故障类型预测的多分类模型(SAMME-CART)，为超声波流量计提供数据驱动的售后增值服务，提高企业的市场竞争力。

超声波流量计的故障类型预测可以转化为多分类问题，通过对超声波流量计运行过程中各分量数据的参数进行拟合即可实现。先前的研究大多采用贝叶斯学习器、随机森林(RF)、多元 LR 等单一的算法，忽略了单一算法在不同数据集中的局限性，在面对不同的应用场景时预测精度会受到不同程度的影响，因此亟需一种更具有鲁棒性的模型。本节的内容就是通过构建一个增强的组合算法来解决这个问题。

6.2.1 多学习器的设计

SAMME-CART 算法的核心思想是采用加法模型。首先，选择由 CART 决策树算法建立的弱学习器；然后，初始化每个弱学习器的权重为 $1/m$，在计算过程中根据每个弱学习器当前权重所带来的误差进行权重更新，迭代 N 次，直到错误率小于阈值；最后，将所有弱学习器乘以权重后相加得到一个多学习器。

1. CART 决策树算法

作为决策树中的经典算法，CART 决策树算法既能处理离散数据的分类任务，又能处理连续数据的分类任务，当前在工业领域得到了广泛的应用。CART 决策树算法的核心思想是物以类聚。与 ID3 算法和 C4.5 算法相比，CART 决策树算法具有更强的抗噪能力，能够更好地解决非线性样本问题。首先它会将特征空间分成不同的小块；然后对不同的特征空间赋统一的样本值，将基尼系数最小的点作为特征划分点；最后通过递归方法分割特征空间，直到达到终端条件，才会建立树。

假设 6.1 设 $D = (\alpha_1, \alpha_2, \cdots, \alpha_n)$ 为特征集合，则离散型特征空间的特征划分

点为

$$\alpha_i, \quad i = 1, 2, \cdots, n \tag{6.4}$$

连续型特征空间的特征划分点为

$$\frac{\alpha_i + \alpha_{i+1}}{2}, \quad i = 1, 2, \cdots, n-1 \tag{6.5}$$

针对不同类型的特征空间采用不同的特征划分点，将特征空间划分为 D_1、D_2，其特征空间的划分如图 6.3 所示。

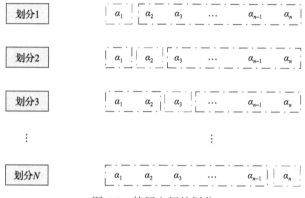

图 6.3　特征空间的划分

特征空间的特征划分点如式(6.4)、式(6.5)所示。对于离散型特征空间，特征划分点有 n 个，而对于连续型特征空间，特征划分点有 $n-1$ 个。CART 决策树算法使用基尼系数选择特征，基尼系数代表模型的不纯度，基尼系数越小，不纯度越低，特征越好。

基尼系数的计算表达式为

$$\text{Gini}(D) = \sum_{i=1}^{n} p(x_i)\bigl(1 - p(x_i)\bigr) = 1 - \sum_{i=1}^{n} p(x_i)^2 \tag{6.6}$$

式中，$p(x_i)$ 为分类 x_i 出现的概率；n 为分类的数目。$\text{Gini}(D)$ 反映了从数据集 D 中随机抽取两个样本，其类别标记不一致的概率。因此，$\text{Gini}(D)$ 越小，数据集 D 的纯度越高。

对于样本 D，个数为 $|D|$，根据特征 A 可能取某一个值 α_i，将样本分成 D_1、D_2 两部分，则在属性 A 的条件下，样本 D 的基尼系数定义为

$$\text{Gini}(D \mid A = \alpha_i) = \frac{|D_1|}{|D|}\text{Gini}(D_1) + \frac{|D_2|}{|D|}\text{Gini}(D_2) \tag{6.7}$$

将式(6.4)和式(6.5)代入式(6.7)可分别得到关于离散型特征空间和连续型特征空间不同特征划分点取值的基尼系数，以此选取基尼系数最小的特征划分点。其计算步骤如下：

(1)输入数据集 D 及停止条件；

(2)选择一个属性 A 将数据集 D 划分为 D_1、D_2 两部分，计算在属性 A 下 D 的基尼系数；

(3)选择基尼系数最小的点；

(4)重复步骤(2)和(3)直到满足停止条件。

2. SAMME-CART 算法

SAMME-CART 算法的核心思想是采用加法模型。选择一个弱学习器，将几个相同的弱学习器乘以不同的权重，相加形成一个强学习器，具体步骤如下。

(1)初始化样本权重 $\omega_i = \dfrac{1}{m}$，其中 m 为特征个数。

(2)选择一个弱学习器 $G(x)$，即 CART 学习器作为基本学习器。

(3)计算第 m 个学习器产生的误差：

$$e_m = \frac{\sum\limits_{i=1}^{m} \omega_i \prod \left(G(x_i) \neq y_i \right)}{\sum\limits_{i=1}^{m} \omega_i} \tag{6.8}$$

式中，e_m 为误差；y_i 为实际值。

(4)计算第 m 个弱学习器在最终强学习器中的权重：

$$\alpha_m = \ln \frac{1 - e_m}{e_m} + \ln(K - 1) \tag{6.9}$$

式中，K 为弱学习器的个数。

(5)更新样本权重：

$$\omega_i = \omega_i \exp \left(\alpha_m \prod \left(G(x_i) \neq y_i \right) \right), \quad i = 1, 2, \cdots, m \tag{6.10}$$

(6)标准化样本权重 ω_i。

(7)转到步骤(3)，重复 N 次，直到误差小于阈值。

(8)组合并输出一个强学习器：

$$f(x) = \arg \max_k \sum_{i=1}^{m} \alpha^i \prod \left(G_i(x) = k \right) \tag{6.11}$$

强学习器组合过程如图 6.4 所示。

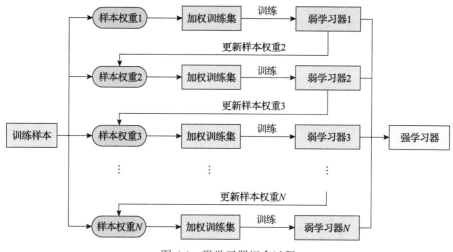

图 6.4　强学习器组合过程

6.2.2　实验分析

实验部分使用三个不同的超声波流量计实际故障数据集，对算法的准确率、精确度、召回率和 F1 值进行比较。

其中，超声波流量计 A 的数据集（记为数据集 A）有 36 个特征，超声波流量计 B 和超声波流量计 C 的数据集（分别记为数据集 B 和数据集 C）各有 43 个特征。表 6.1 和表 6.2 给出了各特征含义。

表 6.1　数据集 A 构成

特征	特征含义
x_1	平面度比
x_2	对称性
x_3	横向气流
$x_4 \sim x_{11}$	八条路径的流速
$x_{12} \sim x_{19}$	八条路径的声速
x_{20}	八条路径的平均声速
$x_{21} \sim x_{36}$	八条路径两端的增益

在超声波流量计 A 中，有两种类型的状态，一种是健康问题，另一种是安装问题。在超声波流量计 B 和超声波流量计 C 中，有四种类型的故障，分别是健康问题、注气问题、安装问题和打蜡问题。本次实验的数据集组成如表 6.3 所示。

表 6.2　数据集 B 和数据集 C 构成

特征	特征含义
x_1	外形因素
x_2	对称性
x_3	横向气流
$x_4 \sim x_7$	四条路径的流速
$x_8 \sim x_{11}$	四条路径的声速
$x_{12} \sim x_{19}$	八条路径的信号强度
$x_{20} \sim x_{27}$	八条路径两端的信号质量
$x_{28} \sim x_{35}$	八条路径两端的增益
$x_{36} \sim x_{43}$	八条路径两端的时间差

表 6.3　数据集组成

数据集	健康问题	注气问题	安装问题	打蜡问题
数据集 A	35	0	52	0
数据集 B	54	35	54	50
数据集 C	51	23	55	51

KNN 算法中选取 $K=3$，该值是综合精确度等指标的最优值。所得单棵决策树的深度也与基学习器的决策树深度一致。在数据集 A、数据集 B 和数据集 C 中，SAMME-CART 算法的预测准确率分别为 95.5%、98% 和 97.8%。三种算法在三个数据集上的准确率结果如图 6.5 所示。在准确率方面，SAMME-CART 算法对三种超声波流量计故障数据集故障类型的预测精度高于 KNN 算法和 CART 决策树算法。

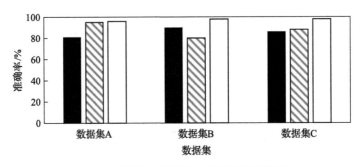

图 6.5　SAMME-CART 算法与其他算法的准确率对比

除了准确率,还使用精确度、召回率和 F1 值作为模型性能的评价指标进行对比。对比结果如表 6.4～表 6.6 所示。

表 6.4　三种算法的精确度对比

算法	数据集 A	数据集 B	数据集 C
KNN	0.867	0.926	0.861
CART	0.958	0.592	0.912
SAMME-CART	0.958	0.981	0.981

表 6.5　三种算法的召回率对比

算法	数据集 A	数据集 B	数据集 C
KNN	0.818	0.855	0.830
CART	0.955	0.703	0.875
SAMME-CART	0.955	0.984	0.977

表 6.6　三种算法的 F1 值对比

算法	数据集 A	数据集 B	数据集 C
KNN	0.812	0.869	0.839
CART	0.954	0.635	0.863
SAMME-CART	0.954	0.982	0.978

这表明,对于不同的数据集,单一的算法有局限性。在三个数据集中,SAMME-CART 算法的精确度、召回率和 F1 值均优于其他两种单一的算法。

6.3　制造过程中不平衡故障数据的多阶段优化故障诊断模型

本节将介绍一种基于贝叶斯优化算法、SMOTE 算法和 SAMME 算法的多阶段优化故障诊断模型,即盲源分离(blind source separation, BSS)模型,以解决制造过程中设备故障诊断的问题。在制造过程中,设备产生的故障数据往往是不平衡的,而在不平衡的数据集上建模和训练将导致非常高的分类错误率。因此,本节的目标是通过 BSS 模型提高不平衡故障数据集的诊断精度。

数据驱动的智能制造已经引起了广泛关注,数据驱动的故障诊断方法基于大量的历史数据,而不是基于模型或信号模式。这种方法可以有效地提高诊断的准确性和自动化程度,适用于过程机制难以确定、模型和参数难以确定、数据量大的情况。因此,数据驱动方法更适用于复杂的制造过程。

制造企业可以通过故障诊断准确预测生产过程中的设备状态,识别生产过程中设备可能出现的故障,并预测数百台机器的维护间隔。预测性维护是基于历史数据、模型和领域知识的，它可以通过统计学或机器学习模型预测趋势、行为模式和关联性，并预测未知的故障，从而改善维护活动的决策过程，避免长期停机。

近年来，许多学者利用深度学习进行故障诊断，并取得了良好的诊断效果。然而，深度学习所需的数据量非常大，对硬件要求较高，模型训练时间较长，会增加企业的制造成本和模型训练的时间。相比之下，机器学习可以在低端机器上运行，减少对硬件的依赖，帮助企业降低生产成本。同时，它也提供了一套清晰的规则，可以清楚地解释故障背后的逻辑意义。

故障数据通常在类别上是不平衡的，故障样本的比例只占所有样本的极小部分。使用机器学习对不平衡数据集进行建模和训练会给最终的模型带来很大的误差，所以有必要对不平衡数据集的建模和训练过程进行优化。本节建立一种基于SMOTE 算法重采样的多阶段优化故障诊断模型，结合 SAMME 算法和贝叶斯优化算法，从数据集处理、模型建立和模型训练多个阶段提高不平衡数据集的诊断精度。这种方法不仅可以增强故障诊断的效果，还可以显著提高故障诊断的效率。

6.3.1　多阶段优化故障诊断模型设计

首先，在数据集方面，采用 SMOTE 算法来生成几类数据集；其次，为了防止模型过度拟合，同时进一步提高精度，采用综合算法 SAMME 进行建模；最后，为了减少人为选择训练参数造成的误差，采用贝叶斯优化器对模型进行优化，进一步提高诊断精度。

1. SMOTE 算法

设 $X = \{x_1, x_2, \cdots, x_n\}$ 为样本的集合，SMOTE 算法的计算步骤如下。

（1）对于每个样本 $x_i(i = 1, 2, \cdots, n)$，用欧氏距离计算 x_i 与 X 中其余每个样本 $x_j(j \neq i)$ 之间的距离。欧式距离 $d(x_i, x_j)$ 为

$$d(x_i, x_j) = \sqrt{\sum_{k=1}^{m}(x_{ik} - x_{jk})^2} \tag{6.12}$$

（2）根据样本中多数人类别与少数人类别的比例，确定抽样放大率 N：

$$N = \frac{S_{\max}}{S_{\min}} \tag{6.13}$$

（3）在式（6.12）得到的 n 个邻接点中随机选择 $\hat{x}_i$ 作为样本，新样本 x_{new} 为

$$x_{\text{new}} = x - i + \text{rand}(0,1)(\hat{x}_i - x_i) \tag{6.14}$$

2. SAMME 算法

SAMME 算法的核心思想是选择一个弱基础学习器。几个基础学习器乘以不同的权重，通过加法组合成一个强学习器，具体步骤如下。

(1) 初始化每个样本的权重 $\omega_i = \dfrac{1}{n}$，$i = 1, 2, \cdots, n$，其中 n 是样本的数量。

(2) 选择一个弱学习器 $G_m(x)$，用 ω_i 加权的数据样本拟合学习器 $G_m(x)$，其中 $m = 1, 2, \cdots, M$。

(3) 根据预测值 $G_m(x)$ 和实际值 y_i，计算第 m 个学习器产生的误差：

$$e_m = \frac{\displaystyle\sum_{i=1}^{n} \omega_i \prod \left(G_m(x) \neq y_i\right)}{\displaystyle\sum_{i=1}^{n} \omega_i} \tag{6.15}$$

(4) 计算最终学习器中第 m 个弱学习器的权重 α_m：

$$\alpha_m = \ln \frac{1 - e_m}{e_m} + \ln(k - 1) \tag{6.16}$$

式中，k 为故障的类型。

(5) 更新每个样本的权重 $\omega_i (i = 1, 2, \cdots, n)$：

$$\omega_i = \omega_i \exp\left(\alpha_m \prod \left(G_m(x_i) \neq y_i\right)\right) \tag{6.17}$$

(6) 重新初始化样本的权重 ω_i。

(7) 重复步骤 (3) ~ (6) M 次，其中 M 是弱学习器的数量。

(8) 使用加法模型来输出最终的强学习器 $f(x)$：

$$f(x) = \arg\max_k \sum_{m=1}^{M} \alpha_m \prod \left(G_m(x) = k\right) \tag{6.18}$$

3. 贝叶斯优化算法

贝叶斯优化算法使用以前搜索过的点的信息来确定下一个搜索点，用于解决低维度的黑箱优化问题。该算法的思路是：首先，生成一个初始的候选解集；然后，根据这些点找到下一个可能是极值的点，将这个点加入解集中，重复这个步骤直到迭代结束；最后，从这些点中找出极端点作为问题的解决方案。具体步骤如下。

(1) 选择 n 个采样点，计算这些点的函数值 $f(x_i)$，并得到初始采集数据集 D：

$$D = \{(x_1, f(x_1)), (x_2, f(x_2)), \cdots, (x_n, f(x_n))\} \tag{6.19}$$

(2) 根据 D 计算高斯模型，得到后验概率 $p(f(x) \mid D)$。

(3) 根据 $p(f(x) \mid D)$ 的平均值和方差计算上置信界 (upper confidence bound, UCB) 获取采集函数 $\mu(x)$。

(4) 根据式 (6.20) 计算采集函数的最大值，确定下一个采样点：

$$x_{n+1} = \underset{x}{\arg\max}\, \mu(x) \tag{6.20}$$

(5) 根据式 (6.21) 计算下一个采样点的函数值：

$$y_{n+1} = f(x_{n+1}) \tag{6.21}$$

(6) 更新数据集 D：

$$D \longleftarrow D \bigcup (x_{n+1}, f(x_{n+1})) \tag{6.22}$$

(7) 重复步骤 (2)~(6) N 次，其中 N 是自行设定的迭代次数。

(8) 输出 $\arg\max\{f(x_1), f(x_2), \cdots, f(x_n)\}$ 和相应的 y。

本节采用集合学习中的自适应增强算法来建立故障诊断模型。它以两层决策树为基础学习器，利用 SAMME 算法构建强学习器，进一步提高故障诊断模型的准确性和泛化能力，组合过程如图 6.6 所示。

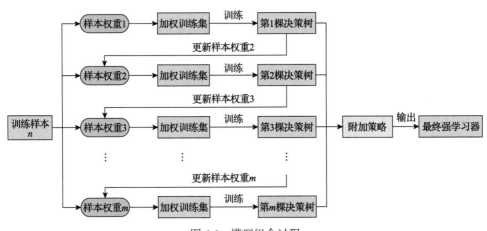

图 6.6　模型组合过程

6.3.2　实验分析

本节对真实的超声流动故障数据集进行实验。为了验证本节提出的针对不平衡故障数据集的多阶段优化模型，主要做了以下两个对比实验。

第一个是 BSS 模型和传统的单一机器学习模型之间的比较实验。

第二个是 BSS 模型和在未重采样数据集上训练的 SAMME 模型之间的比较实验。

实验使用的数据集是超声波流量计的故障数据集，它是不平衡数据集。健康状态标记为 "1"，故障状态标记为 "0"。该数据集有 43 个特征，具体含义见表 6.7。

表 6.7　故障数据集的特征

特征	特征含义
x_1	外形因素
x_2	对称性
x_3	横向气流
$x_4 \sim x_7$	四条路径的流速
$x_8 \sim x_{11}$	四条路径的声速
$x_{12} \sim x_{19}$	八条路径的信号强度
$x_{20} \sim x_{27}$	八条路径两端的信号质量
$x_{28} \sim x_{35}$	八条路径两端的增益
$x_{36} \sim x_{43}$	八条路径两端的时间差

原始数据集包含 167 个类别为 "1" 的样本和 20 个类别为 "0" 的样本。重采样后，类别趋于平衡，如表 6.8 所示。

表 6.8　故障数据集构成

数据集	类别 "1"	类别 "0"	总计
原始数据集	167	20	187
重采样数据集	167	160	327

在实验中，为了使模型的诊断效果更好，采用了十折交叉验证法。同时，为维持实验的可比性，利用学习曲线来选择传统单一机器学习模型 KNN 和决策树模型的最优超参数，学习曲线见图 6.7 和图 6.8。

实验参数中，$K=2$ 是 KNN 的最优值，决策树的最优深度为 7。在 SAMME 模型中，基础学习器的决策树深度也选为 7，而 BSS 模型使用贝叶斯优化器进行参数选择。除了使用准确率作为评价指标，实验还使用精确度、F1 值和召回率作为模型的综合评价指标，指标对比见图 6.9。

由图 6.9 可以看出，KNN 模型的准确率为 87.2%，CART 决策树模型的准确率为 79.4%，SAMME 模型的准确率为 87.5%，本节建立的 BSS 模型的准确率达到

92.9%，高于其他模型。除准确率外，BSS 模型在其他指标上也优于其他模型。

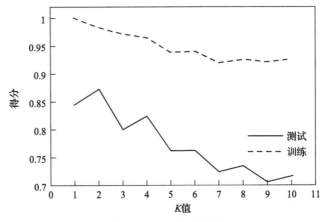

图 6.7　KNN 学习曲线

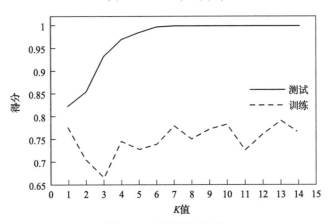

图 6.8　决策树学习曲线

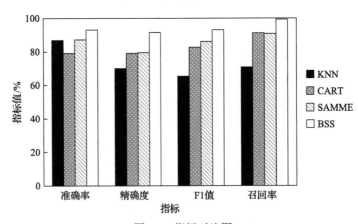

图 6.9　指标对比图

不平衡的故障数据集会给建模和预测带来较高的分类错误率。因此，有必要对不平衡数据集进行处理，使其更加平衡。为了比较不平衡数据集和平衡数据集在建模和预测方面的差异，使用贝叶斯优化的 SAMME 模型对原始数据集和重采样数据集进行实验，实验结果见图 6.10。

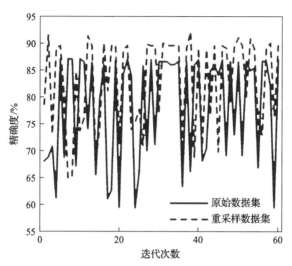

图 6.10　原始数据集和重采样数据集预测对比图

由图 6.10 可以看出，重采样数据集的建模和诊断精确度普遍优于原始数据集。横轴是贝叶斯优化器的迭代次数，可以选择出精确度最高的参数组合。

6.4　基于 KNN-RF-SVM 大数据建模及其在产品销售预测领域的应用

本节将探讨如何通过组合预测算法提高大数据预测模型的性能。在当前的大数据环境下，单一算法或其改进版本已无法满足预测精度的需求。因此，提出一种基于 KNN 算法、RF 算法和 SVM 算法的组合算法，即 KNN-RF-SVM 组合算法。实验结果表明，该算法在准确率、精确度、召回率和 F1 值等指标上的预测效果均优于单一算法[45]。

在经济快速发展的今天，汽车市场规模不断扩大，汽车销售已成为市场经济的重要组成部分。然而行业竞争激烈，许多车企的销售情况并不乐观。因此，如何改善销售情况、提高汽车销量，成为迫切需要解决的问题。

汽车销售过程中产生的海量数据中隐藏着许多有用的信息。利用大数据分析技术挖掘这些信息，可以帮助车企更高效地销售，从而制定更合理的汽车销售策略。本节将对某些品牌的汽车销售数据进行分析，尝试对车企的汽车销售情况进行预测。

目前，大多数汽车销量预测模型都直接采用单一算法或改进算法，如线性回归算法、非线性回归算法、LR 算法、单变量灰色算法、多元灰色算法、SVM 算法、RF 算法，以及深度学习算法，如深度神经网络、循环神经网络和卷积神经网络等。然而，由于单一算法对不同数据集的处理存在局限性，预测精度往往较差。因此，决定将多种算法结合起来，构建一个组合模型。经过研究，发现将多种单一算法进行组合，其预测精度将会得到提高。

因此，本节将采用 KNN-RF-SVM 组合算法对汽车销量变化情况进行预测，以提供更加准确、可信的预测结果，从而使车企可以根据预测结果进行相应的销售策略调整，提高汽车销量。经实验验证，该组合算法预测模型比单一算法，如SVM 算法、RF 算法，具有更广泛的适用范围和更好的泛化能力。本节的主要贡献在于提出并验证这种新的组合算法预测模型。

6.4.1 基学习器算法介绍

本节将"客户将会买该品牌汽车"事件归为"0"类，"客户将不会买该品牌汽车"事件归为"1"类。

1. SVM 算法

SVM 是一种常见的监督学习优化算法，是建立在统计学分析原理基础上发展起来的一种分类预测模型。SVM 算法常用于解决一些小样本、线性、非线性的问题。其基本思想是，假设样本空间中存在两类点，在空间中寻找一个能将两类样本分开的划分超平面，样本点到划分超平面的距离越大，其泛化能力越好。

对于所求的最优划分超平面，可以用线性方程 $w \cdot x + b = 0$ 来表示。其中，样本点的训练集为 (x_i, y_i)，$x_i \in \mathbf{R}^n$，$y_i \in \{1, -1\}$，$i = 1, 2, 3$。某一样本点到划分超平面的距离公式为

$$\gamma = \frac{|w \cdot x_i + b|}{\|w\|}$$

因为要找到距离样本点最远的划分超平面，使得模型划分能力最强，于是将问题转变为求解最优变量 w 和 b 的问题：

$$\max \frac{2}{\|w\|}$$
$$y_i(w \cdot x_i + b) \geqslant 1$$

求解这个问题等价于求解:

$$\min \frac{1}{2}\|w\|^2$$
$$1 - y_i(w \cdot x_i + b) \leqslant 0$$

这是一个典型的凸优化问题。引入拉格朗日函数进行求解,将问题转化为

$$\max\left(\sum_{i=1}^n \alpha_i - \frac{1}{2}\sum_{i=1}^n\sum_{j=1}^n \alpha_i\alpha_j y_i y_j x_i x_j\right)$$

$$\sum_{i=1}^n \alpha_i y_i = 0, \quad \alpha_i \geqslant 0, \quad i = 1, 2, \cdots, n$$

式中,α 为拉格朗日乘数。方程应该满足 KTT 条件:

$$\begin{cases} 1 - y_i(w \cdot x_i + b) \leqslant 0 \\ \alpha_i \geqslant 0 \\ \alpha_i\left[1 - y_i(w \cdot x_i + b)\right] = 0 \end{cases}$$

求出拉格朗日乘数的最优解 α 和变量 $\overline{b}$,最终构造出决策函数为

$$f(x) = \mathrm{sgn}\left[\sum_{i=1}^n \overline{\alpha}_i y_i(x_i \cdot x) + \overline{b}\right]$$

对于非线性分类样本的处理,可以通过映射将样本变换到高维空间,从而在高维空间中构建线性分类的划分超平面并进行求解。具体方法是通过引入核函数对高维空间和低维空间的内积值进行计算。在 SVM 算法中,常用的核函数有很多,包括线性核函数、sigmoid 核函数、多项式核函数等。

2. RF 算法

通过将多棵决策树放一起进行集成,进而将多个弱学习器组合为一学习器,得到 RF。RF 通常用于解决决策树泛化能力较差的问题,并且会提升其准确率。

RF 对输入的数据进行有放回方式的行列采样,因此在训练每一棵决策树的时候,所输入的样本只是部分样本,以达到不易出现过拟合现象的目的。在列采样的 n 个特征中选择 m 个特征,采用完全分裂的方法来建立决策树。RF 算法通过构建大量有差异的训练集分类来提高模型外推的能力,通过 n 次的训练,得到分类模型,其序列为 $\{h_1(x), h_2(x), \cdots, h_n(x)\}$。最后,通过投票决定 RF 算法的分类效

果，其函数表达式为

$$H(x) = \arg\max \sum_{i=1}^{n} I(h_i(x) = Y)$$

式中，$H(x)$ 为组合分类模型；$h_i(x)$ 为单棵决策树分类模型；Y 为目标变量；I 为性能函数。

6.4.2 实验分析

为了验证与不同的单一算法建立的模型相比，组合算法的分类预测效果会更好，构建 SVM 算法预测模型、KNN 算法预测模型、RF 算法预测模型和 SVM-KNN-RF 组合算法预测模型，并且通过计算这四种大数据模型的准确率、精确度、召回率及 F1 值来对模型的预测效果进行验证。

1. 实验数据

首先，对数据进行清理，保留了 8 个可能影响客户购买汽车品牌的特征。表 6.9 给出了这 8 个特征及其含义。

表 6.9　特征及其含义

特征	特征含义
x_1	客户性别
x_2	客户年龄
x_3	客户家庭地址
x_4	汽车销售日
x_5	汽车保修日
x_6	汽车门店品牌
x_7	汽车厂家
x_8	门店位置

将客户可能会购买的福特车型分为五类，分别为福克斯系列、嘉年华系列、蒙迪欧系列、翼系列和其他系列。在实验中，按照 9:1 的比例来划分数据集中的训练集和测试集。

2. 实验结果

待测试的算法中存在参数 K，会对 KNN 算法的准确率产生不同的影响，从而对组合模型的预测效果造成影响。因此，在目标数据集中进行测试，得到在不同 K 值下 KNN 算法的准确率，从而确定最适合目标数据集的 K 值，测试结果如图 6.11 所示。

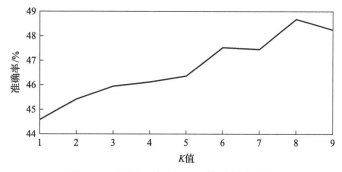

图 6.11　不同 K 值下 KNN 算法的准确率

由图 6.11 可以看出，当 K 值取 8 时，KNN 算法所建立的大数据模型准确率最高。因此，选择 K 值为 8，构建大数据模型。

接着，对所构建的四个预测模型进行准确率计算，得到的结果如图 6.12 所示。

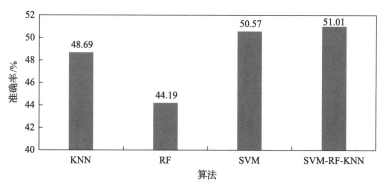

图 6.12　四个预测模型的准确率

图 6.12 中，KNN 算法预测模型的准确率为 48.69%，RF 算法预测模型的准确率为 44.19%，SVM 算法预测模型的准确率为 50.57%，而 SVM-RF-KNN 算法预测模型的准确率为 51.01%。因此，可知组合算法预测模型的准确率相比于单一算法预测模型有所提高。

接下来，再通过实验比较这四种预测模型的精确度、召回率和 F1 值，从而对单一算法预测模型和组合算法预测模型的性能进行比较。实验结果如图 6.13~图 6.15 所示。

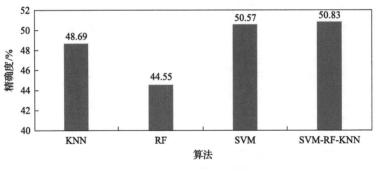

图 6.13　四个预测模型的精确度

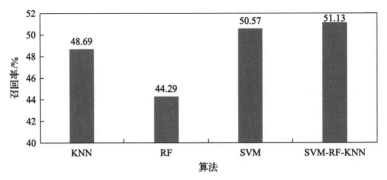

图 6.14　四个预测模型的召回率

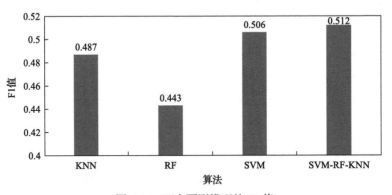

图 6.15　四个预测模型的 F1 值

　　图 6.13 中，KNN 算法预测模型的精确度为 48.69%，RF 算法预测模型的精确度为 44.55%，SVM 算法预测模型的精确度为 50.57%，而 SVM-RF-KNN 算法预测模型的精确度为 50.83%。因此，可知组合算法预测模型的精确度相比于单一算法预测模型有所提高。

　　图 6.14 中，KNN 算法预测模型的召回率为 48.69%，RF 算法预测模型的召回

率为 44.29%，SVM 算法预测模型的召回率为 50.57%，而 SVM-RF-KNN 算法预测模型的召回率为 51.13%。因此，可知组合算法预测模型的召回率相比于单一算法预测模型有所提高。

图 6.15 中，KNN 算法预测模型的 F1 值为 0.487，RF 算法预测模型的 F1 值为 0.443，SVM 算法预测模型的 F1 值为 0.506，而 SVM-RF-KNN 算法预测模型的 F1 值为 0.512。因此，可知组合算法预测模型的 F1 值相比于单一算法预测模型有所提高。

从图 6.12～图 6.15 中可以得出，SVM-KNN-RF 组合算法预测模型在各项指标上均优于单一算法预测模型，其精确度、召回率和 F1 值分别为 50.83%、51.13% 和 0.512，均优于 KNN 算法、RF 算法和 SVM 算法预测模型。故该组合算法预测模型可以为汽车销售提供一定的参考作用。

然而，本节存在预测准确率较低的情况，可以考虑更改各算法在通过软投票方式进行组合时的权重来进行改进。同时，由于所组合的算法较多，在训练模型时造成的事件损耗在某些情况下也是不可忽视的，可以通过更改组合的子算法，使组合模型更加适配，从而达到对时间损耗问题进行改进的目的。

6.5　案例 1：基于制造业大数据的船舶建造计划优化方法

经过几十年的信息化建设和持续不断的投入，我国在船舶设计、船舶建造管理、船舶建造执行等各个范围内均取得了一定成果，但船舶企业生产效率低、建造成本高、建造周期长等一系列问题并没有得到彻底的改变。本节针对现有船舶建造计划优化技术的局限性，提出一种船舶建造计划优化方法[44]。

6.5.1　船舶建造计划

船舶制造是典型的离散型制造，以单件或小批量生产为主，从设备到车间、工厂，最后集成到整个企业的运作，因此将初始船舶建造总计划通过工程分解法、量化管理法和时限计划法分解为工程与效率计划层、造船生产计划层以及船舶建造影响因素计划层。

工程与效率计划层控制着主要关键节点日期，对工程与效率计划层进行优化能够节约和控制成本；造船生产计划层主要以船舶生产流程为任务线，将关键任务互相关联，对造船生产计划层进行优化能够控制制造质量；船舶建造影响因素计划层控制生产实际实行进度，对船舶建造影响因素计划层进行优化能够减少执行过程中出现的不确定因素，计划工作更顺畅，以提高生产力与效率。

6.5.2　工程与效率计划层

工程与效率计划层可分为大日程计划、中日程计划及小日程计划。

大日程计划包括开工日期到交船日期之间材料、主设备、外购件以及外协件交货期的时间节点。大日程计划主要为关键设备订货、技术设计、生产设计、钢板订货以及船只下坞至交船之间的各关键节点的时间确定，为各职能部门编制计划和实行工程控制提供主要依据。

中日程计划是从开工到交船各个生产环节的日程计划，包括船舶生产建造过程中的设备纳期工序计划、下料加工工序计划、部件装配工序计划、分段制作工序计划、分段预舾装工序计划、船台搭载工序计划及各工序计划对应的时间节点。

小日程计划包括所述中日程计划各工序计划中的单作业、单设备的时间节点。小日程计划主要由各生产班组每周或每日的作业计划，生产技术准备计划、安全周策划、质量策划等组成。

6.5.3　船舶建造生产计划层

造船采取的是倒排计划方法，由交船日期决定建造计划线，根据建造计划线和分段划分图/总段划分图确定建造方针，并确定船舶大节点计划，根据分段划分图，结合船厂设备等资源，对初始建造计划线表进行分段划分，建立计划线，如图 6.16 所示。计划线的工序包括主机及其他关键设备选择、一般配套设备选择、原材料选择、各分段和管系加工。

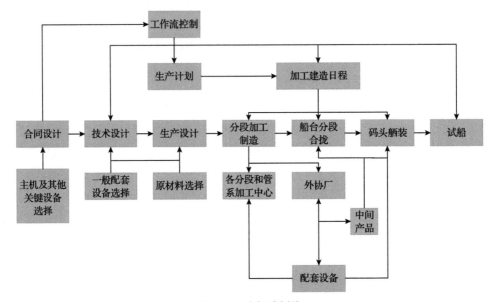

图 6.16　造船计划线

6.5.4　船舶建造影响因素计划层

船舶建造计划是船厂对生产实行进度控制的主要依据，是造船生产管理的主要组成部分。船舶建造计划在执行过程中会出现很多不确定的因素，如资源需求量因素、配送与物流管控因素、建造质量因素、加工能力因素、设备调度因素、设备故障维修管控因素、不可预测因素及资源约束因素。上述因素都会对船舶建造计划产生严重影响，以数据为驱动，对计划进行建模、分析和预测将从根本上改变现有的粗放型、计划高频变更的模式，实现精益造船的目标。

6.5.5　船舶制造业大数据处理

首先对船舶制造业影响计划因素数据进行抽取和集成，从中提取出关系和实体、关联和聚合之后采用统一定义的结构来存储这些数据。在数据集成和提取时需要对数据进行清洗，保证数据质量及可信性。各领域对船舶制造业进行大数据建模，其流程如图 6.17 所示。

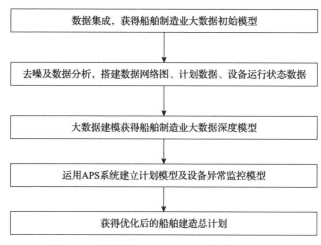

图 6.17　对船舶制造业进行大数据建模的流程

船舶制造业大数据主要分为三种类型：结构化数据、非结构化数据及半结构化数据。结构化数据为来自现有船舶制造业数据库中的具备统一表示模式的数据，包括所用的管理系统、计划系统等；非结构化数据包括船舶产品的三维模型及对应的衍生数据，现场的监控数据如图片、视频等；半结构化数据包括设备检修记录、产品质量检测结果、安装记录，以及各种设备的事件日志、开发日志、计划执行日志。半结构化数据往往格式完全不同，需要通过指定的接口方可读取和解析。

对于以上介绍的三种类型数据，不同结构类型需要不同的采集方式。非结构化数据基于流的方式更加高效，而结构化数据和半结构化数据，更多采用数据仓库技术——ETL（extract transform load，即提取、转换、加载）为主。

6.5.6　大数据存储

船舶制造业大数据的存储主要有两类：文件系统存储和面向对象或文档的存储。针对船舶制造业的三类数据，即结构化数据、非结构化数据及半结构化数据进行数据集成，以混合存储模型"Hadoop+NoSQL+RDBMS"的形式，通过 Spark 计算引擎对所述结构化数据、非结构化数据及半结构化数据进行数据集成，获得船舶制造业大数据初始模型，如图 6.18 所示。

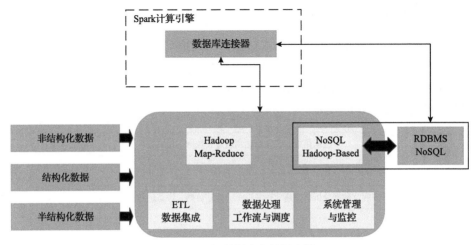

图 6.18　船舶制造大数据存储

混合存储模型，指在不降低系统效率基础上，将数据快速有组织地存储到磁盘的存储方式。

6.5.7　大数据处理

对船舶制造业大数据初始模型进行去噪及数据分析，分别搭建出与结构化数据、非结构化数据及半结构化数据对应的数据网络图、计划数据、设备运行状态数据；去噪采用"最大/最小中值滤波器"滤除如设备数据波动、设备启动和关闭等有问题的数据，公式为

$$\hat{x}(k \mid k) = \sum_{i=1}^{N} a_i(k)\hat{x}_{N|i}(k \mid k)$$

$$p(k \mid k) = \left(\sum_{i=1}^{N} P_{N|i}^{-1}(k \mid k) \right)^{-1}$$

$$a_i(k) = P(k \mid k)P_{N|i}^{-1}(k \mid k)$$

式中，$\hat{x}(k\,|\,k)$ 为去噪后的数据；$\hat{x}_{N|\,i}(k\,|\,k)$ 为采集的数据；$a_i(k)$ 为高斯白噪声；$p(k\,|\,k)$ 为中值滤波器；$P(k\,|\,k)$ 为中值滤波器 $p(k\,|\,k)$ 的卷积结果；$P_{N|\,i}^{-1}(k\,|\,k)$ 为卷积结果 $P(k\,|\,k)$ 的某一种变换，如 Fourier 变换等。通常情况下，只要知道 $\hat{x}_{N|\,i}(k\,|\,k)$，就可以利用已知函数求得其他量。

对数据网络图、计划数据、设备运行状态数据进行大数据建模获得船舶制造业大数据深度模型。

运用主要设备运行健康管控方法，采用异常检查算法来建模：首先以设备的时间序列为横轴，准备检测样品数据，去噪后的数据形成运行样本库，建立异常值与正常值的表示域；之后通过相关的知识建模、机器学习与结构化洞察分析、计划预测与优化模型和知识粒度等处理进行大数据建模，得到船舶制造业大数据模型。

运用高级计划与排程（advanced planning and scheduling, APS）系统对所述船舶制造业大数据深度模型进行处理，建立计划模型及设备异常监控模型。

获得所述计划模型及设备异常监控模型后，可以完成以下优化内容：

针对设备异常情况，通过所收集船舶制造过程中关键设备（如吊车、焊机、钢板切割设备、搬运小车等）的运行状态数据及维修日志，来确定发生设备异常的模式，在监控的同时运用大数据进行未来故障概率的预测，并将发生故障的设备的维修时间加入优化后的船舶建造总计划中。

针对分段精度质量问题，处理分段关键搭载点的制造偏差。通过主动分析分段制造质量的趋势变化、分段工艺对精度质量影响的敏感性，来确定潜在设备、管理和工艺问题，并及早做出预警。通过上述分析处理来提高分段制造的成品率，减少返工时间，使分段建造计划精准。

对比与分析影响船舶建造因素的历史数据。通过对建造过程的各个计划进行跟踪，分析小日程计划中每个节点计划完工情况、影响计划完成的要素；分析拓扑网络，找出生产及设备状态资料、加工信息和资源信息，精准分析计划的各要素相互影响关系；通过确定上述影响关系来制定新计划或者变更船舶建造总计划。

优化关键制造工艺。船舶制造过程中的参数多样且彼此互相影响，通过大数据分析该关键制造工艺影响要素，建立工艺优化预测模型，找出最佳的建造方法和资源，一旦发现工艺参数偏移到区间外，便发出警报，让操作人员及工程师可以即时进行调整或做出其他决策，由此来确保建造工序和工步的执行计划完成，顺利完成整个船台搭载计划等。

计算并预测船坞使用效率与堆场使用效率、制造设备效率是否匹配；若不匹配，则调整堆场、船坞、船台设备的调度、空运行、占用时间等导致计划延误的因素，来提升船坞、堆场使用效率。

更进一步地，结构化数据及半结构化数据通过数据仓库技术进行采集，非结构化数据采用基于流的方式进行采集。

6.5.8　船舶建造计划优化

通过数据处理来分析和优化船舶建造过程，如图 6.19 所示。不断跟踪建造过程，进而辅助决策，优化制造流程，调整船舶建造计划，降低成本和缩短船舶制造周期，从而实现精益造船的目标。

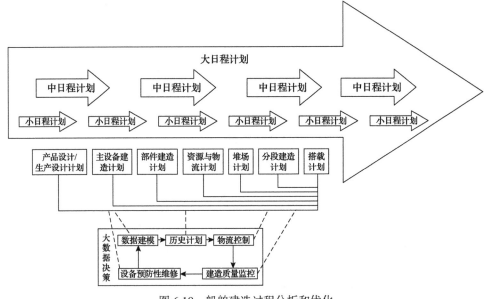

图 6.19　船舶建造过程分析和优化

6.6　案例 2：基于粒子群优化灰色模型的工业大数据预报警方法

社会经济的不断发展带动了工业的快速发展，国家在工业领域的投资不断加大，但由于设备大型化，工业流程连续性要求高，要控制的工业参数增多，而且条件苛刻，工业安全生产问题不断出现。工业属于高危行业，工厂因安全事故造成的损失较大，安全生产已被社会广泛关注。新时代背景下，企业更应该减小工业安全事故的发生概率。在紧急事故情况下，操作人员难以找寻出故障根源，从而无法短时间内消除故障。传统的检测方法效率低、故障位置判断准确度差，且在紧急时刻分析处理耗时长，会导致一定风险。

本节将介绍基于粒子群优化灰色模型的工业大数据预测方法，可避免当工业生产装置出现紧急故障时，人为无法在短时间内定位故障区段的情况。该方法可以在某位置要发生故障的情况下，通过报警提示的方式，告知操作人员或者维修人员提前进行调整或维护，提前定位故障位置，并进行及时处理，达到防患于未然的目的，提高故障处理效率[47]。

首先，数据存储服务器通过过程控制(OLE for process control, OPC)服务器采集工厂控制系统中的数据，并进行建模得到工业大数据；其次，将工业大数据清洗后再建模作为预测数据样本；再次，根据所述的粒子群优化灰色模型进行迭代运算求取预测工业大数据；最后，将预测的数据与报警值进行数据对比产生报警点，并通过 OPC 服务器反馈至工厂控制系统，如图 6.20 所示。

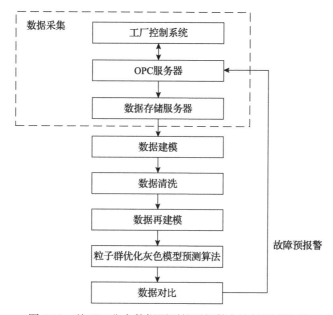

图 6.20 基于工业大数据预测的预报警方法的原理流程

6.6.1 数据清洗

数据存储服务器通过 OPC 服务器采集工厂控制系统中的理论基础数据，并进行数据建模、数据清洗、数据再建模、数据预测、数据对比后反馈至工厂控制系统。其中数据清洗主要是去除不符合要求的数据。

数据清洗步骤有数据预处理、去除内容重复的数据、去除数据类型错误的数据、去除不需要的数据，如图 6.21 所示。数据预处理：查看元数据，包括字段解释、数据来源、代码表等数据信息。去除内容重复的数据：对重复数据进行舍弃处理，保证数据的单一性。去除数据类型错误的数据：对数据类型有错误的数据进行舍弃处理，保证数据的正确性。去除不需要的数据：对于无报警值的数据进行舍弃处理，保证数据的准确性。

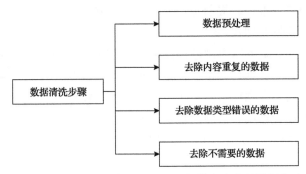

图 6.21　基于工业大数据预测的预报警方法中的数据清洗

6.6.2　标准的灰色预测模型

采用灰色预测优化算法进行迭代运算以求取预测工业大数据，如图 6.22 所示，具体步骤如下。

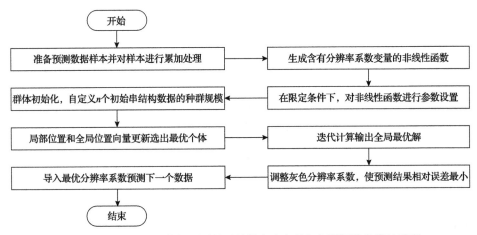

图 6.22　基于工业大数据预测的预报警方法中的灰色预测优化算法流程

定义 6.1　选取 $x^{(0)} = \left\{ x^{(0)}(1), x^{(0)}(2), \cdots, x^{(0)}(n) \right\}$ 为 n 个元素的原始数据序列，$x^{(0)}$ 的一阶累加生成数列为 $x^{(1)} = \left\{ x^{(1)}(1), x^{(1)}(2), \cdots, x^{(1)}(n) \right\}$，其定义为

$$x^{(1)} = \mathrm{AGO}\left(x^{(0)} \right) = \left\{ \sum_{k=1}^{1} x^{(0)}(k), \sum_{k=1}^{2} x^{(0)}(k), \cdots, \sum_{k=1}^{n} x^{(0)}(k) \right\} \tag{6.23}$$

式中，AGO(·) 是指累加生成函数（accumulated generating operation）。

定义 6.2　定义 $x^{(1)}(k)$ 的灰导数为

$$d(k) = x^{(1)}(k) - x^{(1)}(k-1) = x^{(0)}(k) \tag{6.24}$$

定义 6.3　令 $z^{(1)}$ 为数列 $x^{(1)}$ 的均值数列，即

$$z^{(1)}(k) = \lambda x^{(1)}(k) + \lambda x^{(1)}(k-1), \quad k = 2,3,\cdots,n \tag{6.25}$$

式中，λ 为分辨率系数，通常设置为固定值 1/2。

定义 6.4　定义灰色预测模型 GM(1,1) 灰差分方程 $x^{(0)}(k) + az^{(1)}(k) = b$，$\forall k \geqslant 2$，$a$ 为发展灰数，b 为内生控制灰数，即

$$x^{(0)}(k) = -az^{(1)}(k) + b, \quad \forall k \geqslant 2 \tag{6.26}$$

根据差分方程的求解原理，运用最小二乘法，将式（6.26）转化为

$$Y_N = B\hat{a} \tag{6.27}$$

$$Y_N = \begin{bmatrix} x^{(0)}(2) \\ x^{(0)}(3) \\ x^{(0)}(4) \\ \vdots \\ x^{(0)}(n) \end{bmatrix}, \quad B = \begin{bmatrix} -z^{(1)}(2) & 1 \\ -z^{(1)}(3) & 1 \\ -z^{(1)}(4) & 1 \\ \vdots & \vdots \\ -z^{(1)}(n) & 1 \end{bmatrix}, \quad \hat{a} = \begin{bmatrix} a \\ b \end{bmatrix} \tag{6.28}$$

将式（6.27）展开，求得参数 a 与 b 的估计值，具体为

$$a = \frac{\displaystyle\sum_{k=2}^{n} z^{(1)}(k) \sum_{k=2}^{n} x^{(0)}(k) - (n-1)\sum_{k=2}^{n} z^{(1)}(k)x^{(0)}(k)}{(n-1)\displaystyle\sum_{k=2}^{n}\left(z^{(1)}(k)\right)^2 - \left(\sum_{k=2}^{n} z^{(1)}(k)\right)^2} \tag{6.29}$$

$$b = \frac{\displaystyle\sum_{k=2}^{n}\left(z^{(1)}(k)\right)^2 \sum_{k=2}^{n} x^{(0)}(k) - \sum_{k=2}^{n} z^{(1)}(k)\sum_{k=2}^{n} z^{(1)}(k)x^{(0)}(k)}{(n-1)\displaystyle\sum_{k=2}^{n}\left(z^{(1)}(k)\right)^2 - \left(\sum_{k=2}^{n} z^{(1)}(k)\right)^2} \tag{6.30}$$

将式(6.29)和式(6.30)求出的 a 与 b 代入式(6.31),从而求出预测值 $\hat{x}^{(0)}(n+1)$:

$$\hat{x}^{(0)}(k) = (1-\mathrm{e}^a)\left(x^{(0)}(1) - \frac{b}{a}\right)\mathrm{e}^{-a(k-1)}, \quad \forall k \geqslant 2 \tag{6.31}$$

在传统的 GM(1,1)灰色预测模型中,通常将 λ 的值设置为 0.5,这种固定参数有时无法体现出离散数值间所隐藏的特性,导致灰预测模型的预测精度不高。本节将 λ 视为独立变量,利用遗传算法动态调整 λ 值,降低数据预测精度误差。

根据式(6.31)得到在训练样本基础上的预测值,对 λ 进行动态调整,则计算出的预测值 $\hat{x}^{(0)}(n+1)$ 是含有 λ 变量的动态结果,使用相对预测误差检验模型的预测精度,相对预测误差的计算公式为

$$e(k) = \frac{x^{(0)}(k) - \hat{x}^{(0)}(k)}{x^{(0)}(k)} \times 100\% \tag{6.32}$$

$e(k)$ 是包含 λ 的一元非线性函数,因此最小化预测模型误差的问题转化为求取 $e(k)$ 最小值的问题,这里 λ 的取值满足 $0 \leqslant \lambda \leqslant 1$。为了保持 λ 的适用性和普遍性,假如需要预测 10 个节点数据,则将式(6.32)进行误差累加和处理,并保持累加和最小,具体计算公式为

$$\min \ J(\lambda) = \sum_{k=2}^{4} e(k) \tag{6.33}$$

由式(6.33)可知,以 λ 为变量的 $J(\lambda)$ 函数为在限定条件下的一元非线性函数。式(6.33)所示的函数具有显著的非线性特征,采用粒子群优化算法搜索 λ 的最优值,在数值预测过程中,不断根据前面若干个样本动态调整 λ 值,并依次将最优的 λ 代入式(6.31)中预测下一个数据,使预测结果逼近实际值。

6.6.3 粒子群优化算法

粒子群为由 n 个粒子组成的种群 $X = (X_1, X_2, \cdots, X_n)$,第 i 个粒子表示一个 d 维向量 $X_i = (x_{i1}, x_{i2}, \cdots, x_{id})^{\mathrm{T}}$,第 i 个粒子的速度为 $V_i = (v_{i1}, v_{i2}, \cdots, v_{id})^{\mathrm{T}}$,则粒子 t 时刻更新各微粒的速度和位置的方程为

$$\begin{cases} v_{ij}(t+1) = wv_{ij}(t) + c_1 r_1 \left(p_{ij} - x_{ij}(t)\right) + c_2 r_2 \left(p_{\mathrm{g}j} - x_{ij}(t)\right) \\ x_{ij}(t+1) = x_{ij}(t) + v_{ij}(t+1) \end{cases} \tag{6.34}$$

式中，$j = 1, 2, \cdots, d$ ；p_{ij} 和 p_{gj} 分别为第 i 个粒子在第 t 代所经历的个体最优 p_{best} 位置和全局最优 g_{best} 位置；t 为当前迭代次数；w 为惯性权重系数；c_1 和 c_2 为学习因子，通常情况下 c_1 为 0.729，c_2 为 1.49945，有利于算法的收敛；r_1 和 r_2 为 0～1 均匀分布的随机数。

引入拉格朗日插值局部搜索的方法，利用拉格朗日插值粒子群优化算法，在迭代初期，防止粒子陷入局部收敛，在迭代后期缩小搜索范围，加速收敛速度，粒子迭代公式为

$$v_{ij}(t+1) = w v_{ij}(t) + c_1 r_1 (p_{ij} - x_{ij}(t)) \tag{6.35}$$

相对于粒子群优化算法，式 (6.35) 只保留迭代过程中自身的惯性权重系数及个体最优 p_{best} 的模型，去除全局最优 g_{best} 的学习模块；为了平衡粒子群优化算法的全局搜索能力和局部改良能力，在式 (6.35) 中加入自适应的惯性权重 w 系数，即

$$w = \begin{cases} w_{\min} - \dfrac{(w_{\max} - w_{\min})(f - f_{\min})}{f_{\text{avg}} - f_{\min}}, & f \leqslant f_{\text{avg}} \\ w_{\max}, & f > f_{\text{avg}} \end{cases} \tag{6.36}$$

式中，f 为粒子实时的目标函数值；f_{avg} 和 $f_{\min}$ 分别为当前所有粒子的平均值和最小目标值。对式 (6.36) 分析可知，惯性权重系数随着粒子目标函数值的变化而变化；惯性权重系数 w 为最重要的参数，增大 w 的值能提高全局搜索能力，减小其值可加强局部搜索能力。

为了提高局部搜索寻优的能力，采用拉格朗日插值法，找到平面上多个已知多项式函数的点；根据已知所确定的约束条件，来预知未知的信息，进而求得最优解。n 阶拉格朗日插值公式为

$$L_n(x) = \sum_{i=0}^{n} y_i l_i(x) \tag{6.37}$$

式中，$l_i(x)$ 为 n 次插值基函数，其表达式为

$$l_i(x) = \prod_{\substack{j=0 \\ j \neq i}}^{n} \frac{x - x_j}{x_i - x_j}$$

为了探索 g_{best} 第 j 维的更优位置，选取 3 个点来生成信息及每个形式的拉格朗日插值，1 个点为 $g_{\text{best}}(X_0)$ 本身，另外 2 个点分别为 g_{best} 附近随机的扰动，以此来作为拉格朗日的插值，关系式为

$$\delta = \text{rand}(0,1)\eta v(i,j)$$
$$x_0(j) = g_{\text{best}}(j) \tag{6.38}$$

$$x_1(j) = g_{\text{best}}(j) + \delta$$
$$x_2(j) = g_{\text{best}}(j) - \delta \tag{6.39}$$

式中，$v(i,j)$ 为每次迭代具有最佳适应值的粒子速度；η 为系数，设 $\eta = \dfrac{0.5}{N}$，N 为粒子群大小；在第 j 维空间中，3 个点通过拉格朗日插值法生成抛物线且去掉最小的点，如图 6.23 所示。

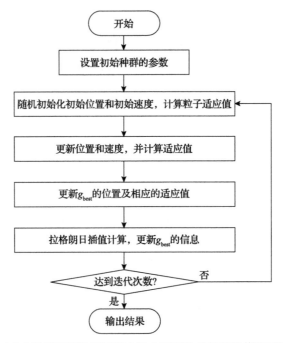

图 6.23　基于工业大数据预测的预报警方法中利用拉格朗日插值粒子群优化算法流程

6.6.4　粒子群优化灰色模型

在 GM(1,1) 灰色预测模型的基础上，结合已知少量的预测数据，利用粒子群优化算法动态调整 GM(1,1) 算法均值生成数列中的分辨率系数 λ，本优化算法的核心是粒子群优化算法和灰色预测模型，在有约束的条件下，不断优化灰色预测模型的分辨率系数 λ，旨在提升数据预测精度。可利用遗传算法来优化分辨率系数 λ，具体过程如下。

(1)设定初始种群的参数，即种群个体数目 n、惯性权重系数 w、学习因子

c_1、迭代的步数，以及各粒子各个维度的位移和速度的更新；惯性权重系数初始位置设置为种群个体的最大值 $X_{\max}$ 和最小值 $X_{\min}$ ，初始速度为 $\dfrac{X_{\max}-X_{\min}}{n}$ ，计算出各个位置的适应值。

（2）随机初始化粒子群粒子的初始位置和初始速度，各个粒子初始适应值相当于个体最优 p_{best} ，其中个体最优 p_{best} 的全局最优为 g_{best} 。

（3）按照式（6.34）更新相应的位置和速度，并计算其相应的适应值。

（4）前后对比更新后的每个粒子和其 p_{best} 的适应值，若更新后的粒子具有更佳的适应值，则用更新后 p_{best} 的位置和速度的适应值，否则保留历史 p_{best} 信息；对比粒子群中每个 p_{best} 及到当前迭代的 g_{best} 的整体最佳适应值，若存在比 g_{best} 的适应值更优的 p_{best} ，则更新 g_{best} 的位置及相应的适应值，否则保留历史 g_{best} 信息。

（5）当迭代次数达到一定的次数时，则分别以全局最优 g_{best} 的维度为 D 的分量进行拉格朗日插值计算，取 $g_{\text{best}}(X_0)$ 点，依据式（6.39）来获取扰动的插值点，进而计算相应的适应值，利用 X_0 及扰动的两点进行插值，来获得其最小值的点并且计算相应的适应值，若此点的值比 X_0 的适应值更佳，则更新 g_{best} 的信息。

（6）判断是否达到设置的迭代次数，若达到次数则结束，否则返回步骤（2）。

（7）将得到的 g_{best} ，即 λ 的最优值，代入式（6.31）得到预测数据。

6.6.5　故障预报警

将所解析后的预测数据再次进行建模，且与报警值进行对比，过滤出异常的数据，从而确定故障点，实现预报警功能。

在工厂控制系统中建立布尔量（boolean, BOOL）报警点，同步数据存储服务器的位号与工厂控制系统中的位号一致，将异常的数据通过 OPC 服务器反馈至工厂控制系统，从而实现预先提示操作人员故障位置的目标。

参 考 文 献

[1] 张霖, 周龙飞. 制造中的建模仿真技术[J]. 系统仿真学报, 2018, 30(6): 1997-2012.

[2] 刘强, 秦泗钊. 过程工业大数据建模研究展望[J]. 自动化学报, 2016, 42(2): 161-171.

[3] 姚锡凡, 周佳军, 张存吉, 等. 主动制造: 大数据驱动的新兴制造范式[J]. 计算机集成制造系统, 2017, 23(1): 172-185.

[4] 张洁, 汪俊亮, 吕佑龙, 等. 大数据驱动的智能制造[J]. 中国机械工程, 2019, 30(2): 127-133.

[5] 张洁, 高亮, 秦威, 等. 大数据驱动的智能车间运行分析与决策方法体系[J]. 计算机集成制造系统, 2016, 22(5): 1220-1228.

[6] Hey T, Tansley S, Tolle K. 第四范式: 数据密集型科学发现[M]. 潘教峰, 张晓林, 等译. 北京: 科学出版社, 2012.

[7] 丁凯, 张旭东, 周光辉, 等. 基于数字孪生的多维多尺度智能制造空间及其建模方法[J]. 计算机集成制造系统, 2019, 25(6): 1491-1504.

[8] Zhu X C, Qiao F, Cao Q S. Industrial big data-based scheduling modeling framework for complex manufacturing system[J]. Advances in Mechanical Engineering, 2017, 9(8): 168781401772628.

[9] Cui Y S, Kara S, Chan K C. Manufacturing big data ecosystem: A systematic literature review[J]. Robotics and Computer-Integrated Manufacturing, 2020, 62: 101861.

[10] Wang J L, Xu C Q, Zhang J, et al. Big data analytics for intelligent manufacturing systems: A review[J]. Journal of Manufacturing Systems, 2022, 62: 738-752.

[11] Belhadi A, Zkik K, Cherrafi A, et al. Understanding big data analytics for manufacturing processes: Insights from literature review and multiple case studies[J]. Computers & Industrial Engineering, 2019, 137: 106099.

[12] Moyne J, Iskandar J. Big data analytics for smart manufacturing: Case studies in semiconductor manufacturing[J]. Processes, 2017, 5(3): 39.

[13] He Q P, Wang J. Statistical process monitoring as a big data analytics tool for smart manufacturing[J]. Journal of Process Control, 2018, 67: 35-43.

[14] Babiceanu R F, Seker R. Big data and virtualization for manufacturing cyber-physical systems: A survey of the current status and future outlook[J]. Computers in Industry, 2016, 81: 128-137.

[15] Li C Q, Chen Y Q, Shang Y L. A review of industrial big data for decision making in intelligent manufacturing[J]. Engineering Science and Technology, an International Journal, 2022, 29: 101021.

[16] Corallo A, Crespino A M, Lazoi M, et al. Model-based big data analytics-as-a-service

framework in smart manufacturing: A case study[J]. Robotics and Computer-Integrated Manufacturing, 2022, 76: 102331.

[17] Fahmideh M, Beydoun G. Big data analytics architecture design—An application in manufacturing systems[J]. Computers & Industrial Engineering, 2019, 128: 948-963.

[18] Ren S, Zhang Y F, Liu Y, et al. A comprehensive review of big data analytics throughout product lifecycle to support sustainable smart manufacturing: A framework, challenges and future research directions[J]. Journal of Cleaner Production, 2019, 210: 1343-1365.

[19] Yu W J, Dillon T, Mostafa F, et al. A global manufacturing big data ecosystem for fault detection in predictive maintenance[J]. IEEE Transactions on Industrial Informatics, 2020, 16(1): 183-192.

[20] Shang C, You F Q. Data analytics and machine learning for smart process manufacturing: Recent advances and perspectives in the big data era[J]. Engineering, 2019, 5(6): 1010-1016.

[21] Abell J A, Chakraborty D, Escobar C A, et al. Big data-driven manufacturing—Process-monitoring-for-quality philosophy[J]. Journal of Manufacturing Science and Engineering, 2017, 139(10): 101009.

[22] Zhang L, Zhou L F, Ren L, et al. Modeling and simulation in intelligent manufacturing[J]. Computers in Industry, 2019, 112: 103123.

[23] Wang L D, Wang G H. Big data in cyber-physical systems, digital manufacturing and industry 4.0[J]. International Journal of Engineering and Manufacturing, 2016, 6(4): 1-8.

[24] Raut R D, Yadav V S, Cheikhrouhou N, et al. Big data analytics: Implementation challenges in Indian manufacturing supply chains[J]. Computers in Industry, 2021, 125: 103368.

[25] Majstorovic V, Stojadinovic S, Jakovljevic Z, et al. Cyber-physical manufacturing metrology model (CPM³)—Big data analytics issue[J]. Procedia CIRP, 2018, 72: 503-508.

[26] Tao F, Qi Q L, Liu A, et al. Data-driven smart manufacturing[J]. Journal of Manufacturing Systems, 2018, 48: 157-169.

[27] Zhong R Y, Newman S T, Huang G Q, et al. Big data for supply chain management in the service and manufacturing sectors: Challenges, opportunities, and future perspectives[J]. Computers & Industrial Engineering, 2016, 101: 572-591.

[28] Kozjek D, Vrabič R, Rihtaršič B, et al. Advancing manufacturing systems with big-data analytics: A conceptual framework[J]. International Journal of Computer Integrated Manufacturing, 2020, 33(2): 169-188.

[29] Xiang F, Yin Q, Wang Z H, et al. Systematic method for big manufacturing data integration and sharing[J]. The International Journal of Advanced Manufacturing Technology, 2018, 94(9): 3345-3358.

[30] Tao F, Cheng J F, Qi Q L, et al. Digital twin-driven product design, manufacturing and service

with big data[J]. The International Journal of Advanced Manufacturing Technology, 2018, 94(9): 3563-3576.

[31] Syafrudin M, Alfian G, Fitriyani N L, et al. Performance analysis of IoT-based sensor, big data processing, and machine learning model for real-time monitoring system in automotive manufacturing[J]. Sensors, 2018, 18(9): 2946.

[32] Kuo Y H, Kusiak A. From data to big data in production research: The past and future trends[J]. International Journal of Production Research, 2019, 57(15-16): 4828-4853.

[33] Escobar. C A, McGovern M E, Morales-Menendez R. Quality 4.0: A review of big data challenges in manufacturing[J]. Journal of Intelligent Manufacturing, 2021, 32(8): 1-16.

[34] Ren S, Zhao X B, Huang B B, et al. A framework for shopfloor material delivery based on real-time manufacturing big data[J]. Journal of Ambient Intelligence and Humanized Computing, 2019, 10(3): 1093-1108.

[35] Liu Z F, Wang Y M, Cai L G, et al. Design and manufacturing model of customized hydrostatic bearing system based on cloud and big data technology[J]. The International Journal of Advanced Manufacturing Technology, 2016, 84(1): 261-273.

[36] Lu K, Cheng Z J, Ren H R, et al. A multidimensional system architecture oriented to the data space of manufacturing enterprises[C]. The 8th International Conference on Information, Cybernetics, and Computational Social Systems, Beijing, 2021.

[37] Lai Z H, Dong Y, Ren H R, et al. A multi-stage optimized fault diagnosis model for imbalanced fault data in manufacturing process[C]. The 11th Data Driven Control and Learning Systems Conference, Emeishan, 2022.

[38] Xiao Y, Ren H R, Lu R Q, et al. Manufacturing big data modeling based on KNN-LR algorithm and its application in product design business domain[C]. The 10th Data Driven Control and Learning Systems Conference, Suzhou, 2021.

[39] Peng C, Cheng Z J, Ren H R, et al. A quality prediction hybrid model of manufacturing process based on genetic programming[C]. The 11th Data Driven Control and Learning Systems Conference, Emeishan, 2022.

[40] Zou W D, Xia Y Q, Cao W P, et al. Broad learning system with proportional-integral-differential gradient descent[C]. The 20th International Conference on Algorithms and Architectures for Parallel Processing, New York, 2020.

[41] Lai Z H, Ren H R, Lu R Q, et al. Big data modeling of product value-added services based on SAMME-CART algorithm[C]. International Conference on Security, Pattern Analysis, and Cybernetics, Chengdu, 2021.

[42] Wang Z H, Ren H R, Lu R Q, et al. Soft-voting-based SVM-KNN algorithm and its application in big data modeling[C]. The 7th International Workshop on Advanced Computational

Intelligence and Intelligent Informatics, Beijing, 2021.

[43] Wang Z H, Ren H R, Lu R Q, et al. Stacking based LightGBM-CatBoost-RandomForest algorithm and its application in big data modeling[C]. The 4th International Conference on Data-driven Optimization of Complex Systems, Chengdu, 2022.

[44] Lu K, Ren H R, Liu R Z, et al. Research on optimization of ship building plan based on big data[C]. International Conference on Intelligent Manufacturing and Industrial Big Data, Changsha, 2022.

[45] Zhang C, Ren H R, Lu X H, et al. Big data modeling based on KNN-RF-SVM and its application in product sales forecasting field[C]. International Conference on Intelligent Manufacturing and Industrial Big Data, Changsha, 2022.

[46] Wu J X, Dai L, Zou W D, et al. Interval type-2 fuzzy clustering based association rule mining method[C]. Chinese Automation Congress, Shanghai, 2020.

[47] Wu B, Xiao Y, Ren H R, et al. Design and application of workshop production scheduling strategy based on manufacturing big data[C]. The 12th Data Driven Control and Learning Systems Conference, Xiangtan, 2023.

[48] Long Y R, Xiao Y, Ren H R, et al. Manufacturing big data modeling algorithm based on GM（1,1）-LSTM and its application in sales forecasting[C]. The 12th Data Driven Control and Learning Systems Conference, Xiangtan, 2023.

[49] Zou W D, Xia Y Q, Cao W P. Dense broad learning system with proportional integral differential and adaptive moment estimation[C]. The 19th IEEE International Conference on Machine Learning and Applications, Miami, 2020.

[50] 王粲, 夏元清, 邹伟东. 基于自适应动量优化算法的正则化极限学习机[J]. 计算机应用研究, 2021, 38（6）: 1724-1727, 1764.

附　　录

A.1　KNN 算法

KNN 算法是一种重要的无监督机器学习分类算法，其经常应用于数据挖掘、预测分析等领域。KNN 算法的核心思想是，存在目标样本 K，其最邻近的部分属于某一类，则该目标样本也属于该类。

其实现步骤大致如下，首先计算出目标样本与特征空间中其他样本的距离，接着找出与目标样本最邻近的 K 个样本，最后根据 KNN 算法中频率最高的类别对目标样本进行分类。其中，样本之间的距离可以通过欧氏距离公式计算得到，其公式为

$$d(x, y) = \sqrt{\sum_{i=1}^{n}(x_i - y_i)^2}$$

式中，x 为目标样本；y 为特征空间里的其他样本；n 为选择的特征个数；x_i 为目标样本的第 i 个特征；y_i 为其他样本的第 i 个特征。

KNN 算法将第 i 个样本归为"1"的概率表示为

$$P_{i1} = \frac{N_i^1}{K}$$

式中，N_i^1 表示最接近第 i 个样本的 K 个样本中为"1"的个数。以此类推，以 6.4 节内容为例，第 i 个样本为购买福克斯系列的概率可表示为与上式相同的公式：

$$P_{i1} = \frac{N_i^1}{K}$$

第 i 个样本为购买嘉年华系列的概率可表示为

$$P_{i2} = \frac{N_i^2}{K}$$

第 i 个样本为购买蒙迪欧系列的概率可表示为

$$P_{i3} = \frac{N_i^3}{K}$$

第 i 个样本为购买翼系列的概率可表示为

$$P_{i4} = \frac{N_i^4}{K}$$

第 i 个样本为购买其他系列的概率可表示为

$$P_{i5} = \frac{N_i^5}{K}$$

A.2　逻辑回归分析

LR 分析是分类算法和预测算法中的一种, 通过历史数据的表现来对未来结果发生的概率进行预测。LR 算法的返回值通常是以 0.5 为阈值, 概率值大于 0.5 的会被归为类别 "1", 否则被归为类别 "0"。

使用 sigmoid 函数作为概率预测函数:

$$g(z) = \frac{1}{1 + \mathrm{e}^{-z}} \tag{A.1}$$

式中, $z \in (-\infty, +\infty)$。

假设某一事件的发生受 m 项特征因素的影响, 用向量 $x = [1, x_1, \cdots, x_m]^{\mathrm{T}}$ 来表示, 每个特征对应的权重系数用 $\theta = [\theta_0, \theta_1, \cdots, \theta_m]^{\mathrm{T}}$, 则边界函数为

$$\theta_0 + \theta_1 x_1 + \theta_2 x_2 + \cdots + \theta_m x_m = \sum_{i=0}^{m} \theta_i x_i = \theta^{\mathrm{T}} x \tag{A.2}$$

可得 LR 算法将第 i 个样本归为类别 "1" 的概率为

$$P_{1i} = g(\theta^{\mathrm{T}} x) = \frac{1}{1 - \mathrm{e}^{-\theta^{\mathrm{T}} x}} \tag{A.3}$$

A.3　算法 5.3 的收敛性证明

本附录将对基于邻居信息的鲁棒聚类算法进行收敛性证明, 证明数据集在 5.2.2 节中算法 5.3 的作用下可以全局收敛最优值(驻点)。首先对优化问题的代价函数进行处理:

$$\alpha \sum_{i=1}^{N} \sum_{j=1}^{C} u_j(x_i)^m \left\| x_i - v_j \right\|^2 + \beta \sum_{i=1}^{N} \sum_{j=1}^{C} u_j(x_i)^m \left\| M_i(k) - v_j \right\|^2$$

$$= \alpha \sum_{i=1}^{N} \sum_{j=1}^{C} u_j(x_i)^m d_{ij}^2 + \beta \sum_{i=1}^{N} \sum_{j=1}^{C} u_j(x_i)^m D_{ij}^2$$

$$= \sum_{i=1}^{N} \sum_{j=1}^{C} u_{ij}^m (\alpha d_{ij}^2 + \beta D_{ij}^2)$$

$$= \sum_{i=1}^{N} \sum_{j=1}^{C} u_{ij} \cdot u_{ij}^{m-1} \cdot (\alpha d_{ij}^2 + \beta D_{ij}^2)$$

$$= \sum_{i=1}^{N} \sum_{j=1}^{C} u_{ij} \left[\sum_{l=1}^{C} \left(\frac{1}{\alpha d_{il}^2 + \beta D_{il}^2} \right)^{\frac{1}{m-1}} \right]^{1-m}$$

$$= \sum_{i=1}^{N} \left[\sum_{l=1}^{C} \left(\frac{1}{\alpha d_{il}^2 + \beta D_{il}^2} \right)^{\frac{1}{m-1}} \right]^{1-m} \sum_{j=1}^{C} u_{ij}$$

$$= \sum_{i=1}^{N} \left[\sum_{j=1}^{C} \left(\frac{1}{\alpha d_{ij}^2 + \beta D_{ij}^2} \right)^{\frac{1}{m-1}} \right]^{1-m} \tag{A.4}$$

$$\overset{\text{def}}{=} R_m(V)$$

为方便阅读，在接下来的证明中进行简写：$u_{ij} = u_j(x_i)$，$d_{ij} = \left\| x_i - v_j \right\|^2$，$D_{ij} = \left\| M_i(k) - v_j \right\|^2$。通过转换，原代价函数在给定式(5.27)的基础上，转换为一个无约束且只关于聚类中心点的方程 $R_m(V)$。

定理 5.1 对于上述问题，如果 V^* 是方程 $R_m(V)$ 的全局（局部）最优解，那么 $(U(V^*),V^*)$ 是式(5.23)优化问题 $J(U,V)$ 的最优解。其中 $U(V^*)$ 的计算方法为式(5.27)。

证明 首先使用反证法证明全局性。假设 V^* 是方程 $R_m(V)$ 的全局最优解，并且 $(U(V^*),V^*)$ 不是 $J(U,V)$ 的全局最优解，那么一定存在一个全局最优解 (U',V') 使得

$$R_m(V') = J(U(V'),V') \leqslant J(U',V') < J(U(V^*),V^*) = R_m(V^*) \tag{A.5}$$

式中第一个不等式是由于基本的最优化理论，当给定 V 时，$(U(V),V)$ 可以唯一最小化 $J(U,V)$。那么可以由式(A.5)看到，这显然与假设相反，因此全局性成立。

下面证明局部性。假设 V^* 是方程 $R_m(V)$ 的局部最优解，并且 $(U(V^*),V^*)$ 不是 $J(U,V)$ 的局部最优解。那么存在一个序列 $\left\{(U^r,V^r)\right\}$，收敛于 $(U(V^*),V^*)$ 但对于 $r=1,2,\cdots$，$J(U^r,V^r)<J(U(V^*),V^*)$，那么就会有式 (A.6) 成立：

$$R_m(V^r)=J(U(V^r),V^r)\leqslant J(U^r,V^r)<J(U(V^*),V^*)=R_m(V^*) \tag{A.6}$$

显然，这与假设相反，因此局部性成立。证毕。

引理 5.1　函数 $g(x)$ 定义为

$$g:c\subseteq \mathbf{R}^n\to\mathbf{R},\quad g(x)\begin{cases}>0, & x\in c-\{0_n\}\\=0, & x=0_n\end{cases}$$

如果 $g(x)$ 是在凸集 c 上的凸函数，并且存在 $q<0$ 使得对于所有的 $x\in c$，$\lambda\geqslant 0$ 都满足 $g(\lambda x)=\lambda^q g(x)$，那么

$$f(x)=\begin{cases}(g(x))^{1/q}, & x\in c-\{0_n\}\\0, & x=0_n\end{cases}$$

是凸集 c 上的凹函数。更进一步地，如果 g 是严格凸的，那么 f 是严格凹的。

下面对 $R_m(V)$ 进行进一步转换：

$$R_m(V)\overset{\text{def}}{=}\sum_{i=1}^{N}\left[\sum_{j=1}^{C}\left(\frac{1}{\alpha d_{ij}^2+\beta D_{ij}^2}\right)^{\frac{1}{m-1}}\right]^{1-m}=\sum_{i=1}^{N}f(\xi_{i1},\xi_{i2},\cdots,\xi_{iC}) \tag{A.7}$$

式中，$\xi_{ij}=\alpha d_{ij}^2+\beta D_{ij}^2$。

引理 5.2　如果 ξ_{ij} 有如上定义，那么

$$R_m(V)\leqslant L^r R_m\overset{\text{def}}{=}R_m(V^r)+\sum_{i=1}^{N}\sum_{j=1}^{C}\frac{\partial f}{\partial\xi_{ij}}\cdot(\alpha d_{ij}^2+\beta D_{ij}^2-\alpha d_{ij,k}^2-\beta D_{ij,k}^2)$$

式中，$d_{ij}=\left\|x_i-v_j\right\|^2$，$D_{ij}=\left\|M_i(k)-v_j\right\|^2$，$d_{ij,r}=\left\|x_i-v_j^r\right\|^2$，$D_{ij,r}=\left\|M_i(k)-v_j^r\right\|^2$，$r$ 为迭代次数。

证明　由引理 5.1 可知，$f(\xi_{i1},\xi_{i2},\cdots,\xi_{iC})$ 是凹函数，因此有

$$f(\xi_{i1},\xi_{i2},\cdots,\xi_{iC})\leqslant f(\chi_{i1},\chi_{i2},\cdots,\chi_{iC})+\sum_{j=1}^{C}\frac{\partial f}{\partial\xi_{ij}}\bigg|_{\chi_{ij}}(\xi_{ij}-\chi_{ij})$$

对 i 进行求和，可得

$$\sum_{i=1}^{N} f(\xi_{i1}, \xi_{i2}, \cdots, \xi_{iC}) \leqslant \sum_{i=1}^{N} f(\chi_{i1}, \chi_{i2}, \cdots, \chi_{iC}) + \sum_{i=1}^{N} \sum_{j=1}^{C} \frac{\partial f}{\partial \xi_{ij}}\bigg|_{\chi_{ij}} (\xi_{ij} - \chi_{ij})$$

将 $\chi_{ij} \overset{\text{def}}{=} \alpha d_{ij,k}^2 + \beta D_{ij,k}^2$。证毕。

下面定理给出算法 5.3 的收敛性证明。

定理 5.2　对于任一数据集，若按照算法 5.3 所述进行计算，则可将优化问题 (5.23) 全局收敛于(局部)最小值点或者鞍点。

证明　首先分析 $L^r R_m$，因为

$$\frac{\partial f}{\partial \xi_{ij}} = \frac{\partial}{\partial \xi_{ij}} \left(\sum_{l=1}^{C} \xi_{il}^{\frac{-1}{m-1}} \right)^{-(m-1)}$$

$$= -(m-1) \left(\sum_{l=1}^{C} \xi_{il}^{\frac{-1}{m-1}} \right)^{-(m-1)-1} \left(-\frac{1}{m-1} \right) \cdot \xi_{ij}^{\frac{-1}{m-1}-1}$$

$$= \sum_{l=1}^{C} \left(\xi_{il}^{\frac{-1}{m-1}} \right)^{-m} \xi_{ij}^{-\frac{m}{m-1}}$$

$$= \sum_{l=1}^{C} \left(\frac{\xi_{ij}^{\frac{-1}{m-1}}}{\xi_{il}^{\frac{-1}{m-1}}} \right)^{m}$$

$$= u_j(x_i)^m \geqslant 0$$

再观察中心点迭代公式(5.28)，可以将原式写为

$$v_j^{r+1} = \frac{\displaystyle\sum_{i=1}^{N} \frac{\partial f}{\partial \xi_{ij}}\bigg|_{(r)} \cdot (\alpha x_i + \beta M_i)}{\displaystyle\sum_{i=1}^{N} \frac{\partial f}{\partial \xi_{ij}}\bigg|_{(r)} \cdot (\alpha + \beta)}$$

$$= v_j^r - \frac{1}{\displaystyle\sum_{i=1}^{N} \frac{\partial f}{\partial \xi_{ij}}\bigg|_{(r)} \cdot (\alpha + \beta)} \cdot \left\{ -\sum_{i=1}^{N} \frac{\partial f}{\partial \xi_{ij}}\bigg|_{(r)} \cdot \left[\alpha x_i + \beta M_i - (\alpha + \beta) v_j^r \right] \right\}$$

在接下来的证明，为了读写方便，不产生歧义地进行如下书写简化：

$$a_i^r \overset{\text{def}}{=} \frac{1}{\sum\limits_{i=1}^{N} \left.\dfrac{\partial f}{\partial \xi_{ij}}\right|_{(r)} \cdot (\alpha + \beta)}$$

$$b_i^r \overset{\text{def}}{=} -\sum_{i=1}^{N} \left.\frac{\partial f}{\partial \xi_{ij}}\right|_{(r)} \cdot \left[\alpha x_i + \beta M_i - (\alpha + \beta) v_j^r\right]$$

$$v_j^{r+1} = v_j^r - a_i^r \cdot b_i^r$$

最后分析 R_m^r 函数的递减性：

$$R_m(V^r) - R_m(V^{r+1})$$

$$\geqslant R_m(V^r) - L^k R_m(V^{k+1})$$

$$= -\sum_{i=1}^{N} \sum_{j=1}^{C} \left.\frac{\partial f}{\partial \xi_{ij}}\right|_{(r)} \left(\alpha d_{ij,r+1}^2 + \beta D_{ij,r+1}^2 - d_{ij,r}^2 - D_{ij,r}^2\right)$$

$$= \sum_{i=1}^{N} \sum_{j=1}^{C} \left.\frac{\partial f}{\partial \xi_{ij}}\right|_{(r)} \left(\alpha x_i - v_j^{(r)2} + \beta M_i - v_j^{(r)2} - \alpha x_i - v_j^r + a_i^r \cdot b_i^{(r)2} - \beta M_i - v_j^r + a_i^r \cdot b_i^{(r)2}\right)$$

$$= \sum_{i=1}^{N} \sum_{j=1}^{C} \left.\frac{\partial f}{\partial \xi_{ij}}\right|_{(r)} \left\{\alpha \cdot \left[-2a_i^r (x_i - v_j^{(r)})^{\mathrm{T}} b_i^r - 2a_i^{(k)2} b_i^{(r)2}\right] + \beta \cdot \left[-a_i^r (M_i - v_j^r)^{\mathrm{T}} b_i^r - a_i^{(k)2} b_i^{(r)2}\right]\right\}$$

$$= \sum_{j=1}^{C} \alpha \left\{\left[-2a_i^r \sum_{i=1}^{N} \left.\frac{\partial f}{\partial \xi_{ij}}\right|_{(r)} (x_i - v_j^r)^{\mathrm{T}} b_i^k - \sum_{i=1}^{N} \left.\frac{\partial f}{\partial \xi_{ij}}\right|_{(r)} a_i^{(r)2} b_i^{(r)2}\right]\right.$$

$$\left. + \beta \left[-2a_i^r \sum_{i=1}^{N} \left.\frac{\partial f}{\partial \xi_{ij}}\right|_{(r)} (M_i - v_j^r)^{\mathrm{T}} b_i^k - \sum_{i=1}^{N} \left.\frac{\partial f}{\partial \xi_{ij}}\right|_{(r)} a_i^{(r)2} b_i^{(r)2}\right]\right\}$$

$$= \sum_{j=1}^{C} \left[-2a_i(t) \cdot \sum_{i=1}^{N} \left.\frac{\partial f}{\partial \xi_{ij}}\right|_{(r)} \cdot \left(\alpha x_i - \alpha v_j^r + \beta M_i - \beta v_j^r\right)^{\mathrm{T}} b_i^r - \sum_{i=1}^{N} \left.\frac{\partial f}{\partial \xi}\right|_{(r)} \cdot \left(\alpha a_i^{(r)2} b_i^{(r)2} + \beta a_i^{(r)2} b_i^{(r)2}\right)\right]$$

$$= \sum_{j=1}^{C} \left[2a_i^r \cdot b_i^{(r)2} - \frac{1}{a_i^r} \cdot \left(a_i^{(r)2} \cdot b_i^{(r)2}\right)\right]$$

$$= \sum_{j=1}^{C} a_i^r \cdot b_i^{(r)2} \geqslant 0$$

最后一步不等式来自 $a_i^r \geqslant 0$，可见 $R_m(V^{r+1}) \leqslant R_m(V^r)$，又因为 $R_m \geqslant 0$，所以算法 5.3 可以全局收敛，并且 r 趋于无穷时 $\lim\limits_{r \to \infty} b_i^{(r)2} = 0$，同时易求 $\nabla_{v_i} R_m = 2b_i^r$，所以 $\lim\limits_{r \to \infty} \nabla_{v_i} R_m = 0$。可以推断出，算法可全局收敛到（局部）最小值点。证毕。